Werner Wirth

ZART GAREN
Die neue Niedrigtemperatur-Methode

Danke

Prof. Dr. K.-O. Honikel · mein fachtechnisches Gewissen
Kaja Richard · begeisterte und perfekte Köchin mit Fleischverstand
Freunden und Bekannten
Meinen Lesern

Meinen Töchtern Eva und Anja
Meiner Ehefrau Elsi

Werner Wirth

ZART GAREN
Die neue Niedrigtemperatur-Methode

Vorwort

Gratulation, Sie haben mit dem Kauf dieses Buches den ersten Schritt in eine neue Genuss-welt gemacht! Wie ich vermute, schätzen Sie den Fleischgenuss – und ich verspreche Ihnen, dass Sie dieses wunderbare Produkt noch mehr genießen werden, wenn Sie es nach meiner neuen Methode garen.

Was ich erreichen möchte

In diesem Buch stelle ich Ihnen eine neue Zube-reitung für das Fleischgaren vor. Fleisch ist des-halb auch die Hauptzutat der meisten Rezepte. Diese werden dazu beitragen, dass Sie die neue Zubereitungsart besser verstehen lernen. Natür-lich kann ich nicht alle Möglichkeiten nennen – aber ein Schweinekotelett lässt sich bekanntlich auf die gleiche Weise zubereiten wie ein Kalbs-kotelett. Tauschen Sie aus und kombinieren Sie nach Lust und Laune. Zusätzlich enthält dieses Buch eine ganze Reihe von Vereinfachungen, damit alles besser und schneller gelingt und Ihnen mehr Zeit zum Genießen bleibt.

Der Blick zurück und die Wirkung

Vor 50 Jahren erfolgte der Verkauf von Fleisch noch größtenteils mit Knochen, Fett und Seh-nen. Der Zuschnitt des Fleisches ist heute ex-trem, Knochen werden längst nicht mehr mitgegeben. Jedes Häutchen und das Fett wer-den weggeschnitten. Das in den Läden angebo-tene Rohmaterial Fleisch hat sich total verändert, aber die Zubereitungsmethoden sind die gleichen geblieben.

Wer aber ein ganz mageres Fleischstück gleich behandelt wie ein durch Fett und Bindegewebe geschütztes, macht etwas Ungeschicktes und wird durch einen hohen Gewichtsverlust des Flei-sches bestraft. Dieser entsteht durch die Span-nung und den hohen Druck, welcher durch die hohen Temperaturen beim Braten, Dünsten oder Schmoren entsteht. Hierbei sollte nicht zu viel Genuss erwartet werden.

Etwas Geschichte

2003 verwirklichte ich mit meinem Buch »Intel-ligente Küche – mehr Genuss, Sicherheit und Freude mit Fleisch« einen Lebenstraum. Um die Markteinführung richtig beeinflussen zu können, erschien das Buch im eigenen Verlag We Wi (www.wewi2.ch).

Viele Kochversuche mit Fleisch – auch im Auf-trag von Firmen aus dem Ausland – ergaben einen immer größer werdenden Fundus an Zahlen über alle möglichen Garvarianten. Auch heute noch mache ich Versuche – und ob Sie es glau-ben oder nicht: Ich komme aus dem Staunen nicht heraus, weil ich laufend wieder Neues entdecke.

Positives Echo

Das Echo auf mein erstes Buch »Intelligente Küche« ließ nicht lange auf sich warten. Viele Zei-tungen schrieben darüber, das Radio sendete Re-zepte. Die Zeitschrift »Stern« zum Beispiel lud mich nach Hamburg zum Vorkochen ein und brachte einen großen und schwungvollen Bei-trag – die bestgelesene Foodstory in der Ge-schichte des »Stern« (vgl. Stern, 16/2007, Seite 165)! Als es darum ging, den Braten mit der neuen Garmethode zu degustieren, sagte ich den Anwesenden, es brauche dazu kein Messer. Ich sehe noch heute, wie der begnadete Food-Fotograf des Stern, Hans Hansen, die Stirn run-zelte, die Gabel nahm, das Fleisch abstach und begeistert sagte: »Mensch, das Fleisch ist ja gabelzart.«

Werner Wirth

Neue Erkenntnisse und viele Fragen aus der Leserschaft legten es mir nahe, 2006 ein zweites Buch zu schreiben. Der Titel »Gabelzart« war schnell gefunden. An der Vernissage am 14. November 2006 an der Universität Bern sprach auch mein fachtechnisches Gewissen, Herr Professor Dr. Karl-Otto Honikel, damals Institutsleiter und Professor an der Bundesforschungsanstalt für Ernährung und Lebensmittel, Kulmbach. Er nannte das Verfahren »Zart garen« eine sehr gute Lösung und umschrieb es mit den Worten: »Wirth bringt das, was die Wissenschaft schon lange weiß, am besten auf den Teller. Das Problem sind unsere alten Gewohnheiten. Wenn wir diese abstreifen, können wir wesentlich mehr Genuss erwarten.«

Neuer Genuss

Ich öffne dem Leser mit dem Ansatz »Fleisch zart garen« eine neue Genusswelt. Dabei wird das Fleisch geschont und plötzlich ist viel mehr Geschmack möglich.

Altgewohntes ist auf einmal nicht mehr richtig. Ich weiß, dass ich damit nicht nur Freunde gewinne. Deshalb wundert es nicht, dass die Reaktionen unterschiedlich ausfallen. Es gibt nicht wenige Köche und Kochschullehrer, welche krampfhaft Argumente dagegen suchen, um sich nicht mehr mit Neuem befassen zu müssen. Andere wiederum rennen nach einer TV-Sendung über mein »Zart garen« los, kaufen Fleisch und garen mit der neuen Methode, staunen grenzenlos und bestellen nachher beide Bücher.

Ich bin mir bewusst, dass »Zart garen« nicht überall 100%ig umgesetzt werden kann. Aber schon eine Annäherung lohnt sich. In verschiedenen Praxiseinsätzen beweise ich laufend, dass

wichtige Verbesserungen um die Fleischbehandlung überall möglich sind.

Die in diesem Buch aufgeführten Rezepte sollen Ihnen zeigen, wie »Zart garen« in die Praxis umgesetzt wird. Sie können beinahe jedes Ihrer Lieblingsrezepte auf »Zart garen« umstellen. Wenn Sie einige Male so gekocht und sich daran gewöhnt haben, dass Sie etwas mehr Zeit benötigen, wird alles so einfach wie früher gelingen.

Das brauchen Sie zum »Zart garen«

»Zart garen« braucht keine Investitionen. Weder einen neuen Backofen noch einen neuen Herd. Ein mobiles Bratthermometer und etwas mehr Zeit genügen, und Sie können starten.

Wenn Sie dieses Buch nur lesen, werden Sie meine Methode »Fleisch zart garen« nicht wirklich verstehen. Das wäre schade. Denn es funktioniert. Probieren Sie es einfach aus. Machen Sie einen Versuch mit dem Schweinebraten vom Nierstück und Sie werden staunen. Ich wünsche Ihnen viel Erfolg, ganz neue Geschmackserlebnisse und Freude mit den Rezepten des Buchs.

Werner Wirth

Die neue Garmethode – das sagt die
Wissenschaft

Die Gesundheit ist unser wichtigstes Gut. Wir möchten alt werden und sichern uns mit Versicherungen und Vorsorge entsprechend ab. Wir möchten genießen und wissen doch, dass nicht alles, was wir machen und zu uns nehmen, auch gesund ist.

Ein wertvolles Nahrungsmittel

Fleisch ist ein sehr wertvolles Nahrungsmittel. Neben Vitamin B_1 und B_{12}, Zink und Eisen liefert es vor allem auch wertvolle und vom menschlichen Körper besonders leicht verwertbare Proteine. Unser Körper ist ein Naturwunder. Unglaublich, was er alles leisten muss und leistet. Dazu braucht er Nahrung, in welcher die nötigen Nährstoffe vorhanden sind. Und dazu gehört Fleisch. Es wird leider oft vergessen, dass nicht entscheidend ist, was wir einkaufen, sondern was davon auf den Teller kommt. Und hier liegt vieles im Argen. Interessant ist, was Professor Honikel zu dem Thema zu sagen hat.

Statement von Prof. Dr. Karl-Otto Honikel

Das Naturprodukt Fleisch ist ein veredeltes Lebensmittel – aus pflanzlichem Futter wird Fleisch. Das Fleisch, welches schlussendlich als Produkt oder Gericht auf dem Teller des Konsumenten landet, ist das Ergebnis eines hochkomplexen biochemischen Prozesses, mit welchem uns die Natur hier konfrontiert.

Die Wissenschaft weiß heute dank intensiver Forschung viel über Fleisch. An der deutschen Bundesanstalt für Fleischforschung in Kulmbach wurden in den letzten 15 Jahren sehr viele Studien für die Fleischwissenschaft gemacht.

Demgegenüber wundert es mich immer, wie wenige dieser Erkenntnisse davon bei den Konsumenten angekommen sind.

Damit die Mikroorganismen, die auf dem Fleisch prächtig gedeihen, es weder verderben noch uns Menschen krank machen, muss Fleisch nach der Gewinnung gekühlt werden.

Gesetze und Verordnungen haben für Fleisch verarbeitende Betriebe einen Rahmen geschaffen, welcher den hygienisch sehr hohen Ansprüchen in Westeuropa Rechnung trägt. Wichtigstes Element dabei ist die Kühlung, wobei oft nach dem Motto »Viel hilft viel« gehandelt wird. Das muss, ja das darf nicht sein. Das nimmt das Fleisch »übel« – es bleibt hart. Wieso das?

Fleisch ist ein schwieriges Lebensmittel. Nach dem »Ernten« des Lebensmittels zwischen dem Schlachten und dem Verzehr macht das Fleisch viele Veränderungen biochemischer und struktureller Art durch. Nach dem Schlachten ist das Fleisch noch in einem aktiven biochemischen Zustand, dem die rasche Absenkung der Temperatur weg von der im Leben konstant gehaltenen Körpertemperatur wenig behagt. Fleisch sollte je nach Größe des Schlachttieres und der Tierart unterschiedlich rasch gekühlt werden.

Prof. Dr. Karl-Otto Honikel

Die Bedeutung der Enzyme

Die Enzyme sind für das Zartwerden des Fleisches verantwortlich. Der wichtigste Umfeldfaktor der Enzyme ist die Temperatur, welche heute aber bei der Lagerung viel zu tief und beim Garen viel zu hoch ist. Viele Fleischverkäufer haben noch nicht realisiert, dass bei tiefen Temperaturen die nötige Reifung nur extrem langsam vor sich geht. Der Autor dieses Buches hat Recht, wenn er schreibt, der Konsument müsse die Reifung des Fleisches selbst beeinflussen.

Das Risiko für die Keimentwicklung bei der Reifung von Fleisch in einer säurehaltigen Gewürzpaste ist sehr klein. Das Fleisch gesunder Tiere – und nur solche kommen in die Nahrungskette – ist im Innern praktisch steril. Die Keime sitzen nur auf der Oberfläche, werden durch die Säure in der Entwicklung gehemmt und ab ungefähr 63 °C abgetötet, was bei jedem Garprozess die Regel ist.

Während der vergangenen Jahrzehnte war der Blickwinkel in der Fleischwirtschaft sehr stark auf die Technik und nur wenig auf den Genuss auf dem Teller des Konsumenten ausgerichtet. Dieses Buch versucht, hier die dringend notwendigen Korrekturen anzubringen, und zeigt Lösungen, wie dies zu Hause auch umsetzbar ist.

Ein Produkt voller Nährstoffwerte

Fleisch ist ein für den Menschen wertvolles, weil nährstoffdichtes Lebensmittel, voll von guten Aminosäuren, Vitaminen und Mineralstoffen, ja sogar seine Fettsäuren sind für den menschlichen Körper hervorragend geeignet. Tierische Fette sind wertvoller als ihr Ruf, nur ist heute beim Kauf von Fleisch kaum mehr etwas davon übrig. Alles, was dem Fleisch Schutz vor zu hohem Gewichtsverlust beim Garen bietet und Aroma gibt, wird weggeschnitten. Die zu hohen Gartemperaturen tragen mit dazu bei, dass von den sehr wertvollen Bestandteilen des Fleisches viele verloren gehen; bei Vitaminen sind die Verluste erheblich. Die von Werner Wirth in diesem Buch aufgezeigte Alternative dürfte dazu führen, Wertvolles auch wertvoll zu behandeln und zu erhalten.

Die Alternative zur Fleischreifung ist das früher oft übliche Beizen mit Säuren (Wein, Essig, Zitronensaft, Buttermilch), um das Wachstum der Mikroorganismen zu hemmen oder zu unterbinden. Die Stoffe dringen langsam (0,2–1 cm/Tag) in das Fleisch ein, je nach Muskel, Fettauflage und Temperatur. Aber das Eindringen hat Folgen. Dort, wo Säure und Salz hinkommen, werden die Reifungsenzyme inaktiviert. Es wird aus einer biochemischen eine chemische Reifung, die bei Rohschinken durch Salz ohne Erhitzen den Schinken zart und ein altes Kuhfleisch noch kaubar macht. »Zart garen« beruht auf der Wirkung von Reifungsenzymen. Daher kann die Beizung primär nur ein Mittel zur Keimarmut sein, »Zart garen« bewirkt den Rest und Werner Wirth zeigt das in seinen Rezepten.

Das Wichtigste
in Kürze

In unseren Landen kommt Fleisch viel zu frisch auf den Tisch. Noch schlimmer: Es ist zu wenig gereift, es kann gar nicht zart sein. Wer heute behauptet, zartes Fleisch zu verkaufen, sagt entweder die Unwahrheit oder weiß es nicht besser.

Zartes Fleisch – sorgen Sie selbst dafür

Wieso dieser Vorschlag? Das Lebensmittelgesetz der EU und der Schweiz verlangen vom Schlachthof und vom Fleischverarbeiter nicht nur äußerst hygienisches Arbeiten, sondern die Aufbewahrung bei tiefen Temperaturen von 0 bis 5 °C. Das ist gut so und richtig, weil ja niemand mit Bestimmtheit sagen kann, wann das Fleisch gegessen und wie es bis dahin behandelt wird. Die Zartheit des Fleisches wird durch einen enzymatischen Prozess erreicht. Da die Enzyme sehr temperaturabhängig arbeiten – unter 5 °C ist ihre Wirkung nur sehr langsam – kann und darf der Fleischverkäufer gar kein zartes Fleisch anbieten.

Wer als Konsument zartes Fleisch und damit viel mehr Genuss will, muss Fleisch selbst reifen. Er kann dies problemlos tun, indem er die ihm zur Verfügung stehende Zeit bis zum Essen optimal nutzt und Fleisch bei einer höheren Temperatur aufbewahrt. Mit dem Garprozess »Zart garen« wird die Fleischreifung zusätzlich unterstützt. Für die Reifung sind verschiedene Varianten möglich und deshalb auch in einem speziellen Abschnitt auf Seite 17 beschrieben.

Exakte Temperaturen sind von großer Bedeutung

Hitze ist in der Küche notwenig, aber gleichzeitig Gift. Mit zu viel Hitze beim Garen von Lebensmitteln werden die Enzyme denaturiert und die Nährstoffe zersetzt. Letztere finden sich mit den bisherigen Kochmethoden höchstens in kleinen Mengen in der Sauce. Die wertvollen Stoffe werden durch unsachgemäße Behandlung und übertriebene Temperaturforderungen seitens der Gesetzgeber eliminiert. Das ist schade und müsste nicht sein.

Noch immer gibt es viele Köche, die nach Gefühl kochen, obwohl der Genuss damit zum Zufall wird. Nach Gefühl kochen ist ähnlichen Risiken unterworfen, wie wenn Sie sich auf die Zeitangabe für die Kochdauer verlassen. Das kann nicht gutgehen. Ein Buchhalter arbeitet ja schließlich auch nicht nach Gefühl.

Das wichtigste Utensil beim »Zart garen« ist der Kerntemperaturmesser. Er zeigt die Temperatur des Fleisches im Kern an – sie ist der wichtigste Wert beim Garen eines mageren Bratens. Der gewünschte Garpunkt muss erreicht werden, damit das Fleischstück richtig mundet und schön saftig ist. Wird die richtige Kerntemperatur überschritten, so wird das Fleisch nicht besser. Im Gegenteil, pro Grad Kerntemperatur zu viel erleidet Ihr Braten einen zusätzlichen Gewichtsverlust von ungefähr 1,5 %. Wer nach Gefühl gart, darf sich über einen zu hohen Gewichtsverlust von zusätzlich 15 bis 25 % nicht wundern.

Der Umgang mit dem Kerntemperaturmesser ist einfach. Stellen Sie sicher, dass die Spitze des Fühlers an der dicksten Stelle des Fleisches steckt, und lesen Sie so die Temperatur ab. Es ist egal, ob Sie ein einfaches Gerät oder einen digitalen Kerntemperaturmesser nutzen, wichtig ist, dass Sie das Gerät in kochendem Wasser testen. Die auf den Geräten angegebenen Temperaturen sind viel zu hoch. Den Kerntemperaturmesser können Sie auch verwenden, um die Genauigkeit der Backofentemperaturen zu kontrollieren.

Neuer Fleischgenuss durch »Zart garen«

Fleisch lebt und reagiert auf Spannungen, Druck und Stress mindestens so heftig wie der Mensch. Wer mehr Genuss erleben will, tut gut daran, die einzelnen Bestandteile des Fleischs richtig zu behandeln, denn Eiweiß, Fett und Bindegewebe haben ganz unterschiedliche Bedürfnisse.

Mehr als kleine Unterschiede

Was für ein sanftes Siedfleisch bestens ist, kann für einen mageren Schweinebraten eine Katastrophe sein. In diesem Buch sind die wichtigen Feinheiten aufgeführt.

Es ist entscheidend, dass beim Garen von Fleisch folgende Unterteilung gemacht wird:

- Kleine Fleischstücke zum Kurzbraten (Steaks, Koteletts, Lammnierstück, Lende, Lachs oder ausgelöster Rücken)
- Braten aus magerem Fleisch (Schweinenierstück (Lende, Lachs oder ausgelöster Rücken), Lammkeule ohne Knochen, Roastbeef, Kalbsbraten)
- mit Fett durchwachsene Braten (Schweinenacken, Kalbsbrust)
- Geschnetzeltes
- bindegewebsreiche Fleischstücke (Schmorbraten, Siedfleisch, Ragout/Gulasch)
- andere

»Zart garen« ist nicht das bekannte Niedrigtemperaturgaren

»Zart garen« ist eine viel schonendere und wirkungsvollere Garmethode als das seit einigen Jahren bekannte Niedrigtemperaturgaren. Dabei wird das Fleisch zu Beginn des Garprozesses durch das Anbraten hohen Temperaturen ausgesetzt. Dadurch entsteht nicht nur schädlicher Stress fürs Fleisch mit entsprechend höherem Saftaustritt, sondern der für die Zartheit des Fleischstückes so wichtige enzymatische Prozess wird verhindert.

Meine Rezepte

Die im Buch aufgeführten Rezepte dienen hauptsächlich der Veranschaulichung der »Zart garen«-Methode. Jedem Zubereitungsblock geht ein Theorieteil voraus, welcher zum besseren Verständnis zuerst gelesen werden sollte. Im Prinzip können Sie alle Ihre eigenen Rezepte auf diese schonende und genussbringende Garmethode umstellen.

Fisch

Fisch gehört laut Lebensmittelgesetz auch zu Fleisch. Dies und die Tatsache, dass Fisch wie Fleisch allgemein viel zu lange und zu hoch erhitzt wird, hat mich bewogen, einige Rezepte ins Buch aufzunehmen.

Wenn nichts anderes vermerkt ist, sind die Rezepte immer für 4 Personen berechnet.

Das wichtigste Küchenwerkzeug für das »Zart garen« ist der Kerntemperaturmesser.

Zart garen –
Theorie & Praxis

Je mehr Sie über Fleisch wissen, desto besser können Sie es behandeln. Bei meinen Veranstaltungen erfahre ich immer wieder, wie wenig Kenntnisse die Teilnehmer über Fleisch haben, obwohl sie täglich damit zu tun haben und es um viel Genuss und Geld geht.
Viele der nachfolgend aufgeführten Punkte habe ich nochmals kurz bei den Rezepten jeweils aufgeführt. Trotzdem lohnt es sich, die Argumentation für die einzelnen Zubereitungsarten hier nachzulesen.

Die Inhaltsstoffe

In Stichworten einige wichtige Fakten:

Eiweiß: Eiweiß ist Baustein der Körperzellen, tierisches Eiweiß ist sehr wertvoll, weil es ein Aminosäurenmuster hat, welches dem des Menschen sehr ähnlich ist und deshalb von diesem gut verwertet werden kann.

Fett: Das Fett ist für den Geschmack verantwortlich. In einem mageren Stück Fleisch sind nur die für den Genuss sehr wichtigen intramuskulären Fette vorhanden. Der Fettanteil beim Fleisch ist im Vergleich zu jenem, das oft der Sauce zugefügt wird, eher Nebensache.

Wasser: Das Wasser ist verantwortlich für die Saftigkeit, wenn es sich nach dem Garen noch im Fleisch befindet. Über das Wasser zu schimpfen ist falsch. Dagegen ist es viel sinnvoller, Wege zu suchen, damit es im Fleisch erhalten bleibt. 100 g Schweineschnitzel aus der Keule beispielsweise bestehen aus 23 % Eiweiß, 2 % Fett und 75 % Wasser.

Der Garprozess

Dafür ist Wärme erforderlich bzw. zwei verschiedene Temperaturen:

Die Kerntemperatur: Diese wird im Zentrum des Fleischprodukts gemessen und sagt etwas aus über den Garpunkt. Betrachten Sie die in den Rezepten angegebenen Kerntemperaturen als Vorschlag, die Sie nach Wunsch auch verändern können. Ein Grad mehr oder weniger hat aber bereits eine große Wirkung. Nicht »Je höher, desto besser« darf hier das Ziel sein, weil pro Grad zu viel an Kerntemperatur ca. 1,5 % mehr Gewichtsverlust am Fleisch entsteht. Da die Ausgangstemperatur unterschiedlich sein kann, ist die genaue Angabe einer Kochzeit weder möglich noch sinnvoll.

Die Umgebungstemperatur: Das ist die Temperatur in der Pfanne, im Backofen, des Grills, aber auch der Küche oder des Kühlschranks. Die Umgebungstemperatur löst erwünschte und unerwünschte Reaktionen aus.

Hähnchenbrustfilets, wie man sie im Handel bekommt, sind nicht überall gleich dick und deshalb schwierig zuzubereiten. Für ein optimales Ergebnis sollten sie entsprechend zugeschnitten und behandelt werden (Anleitung Seite 24).

Zu den erwünschten Reaktionen gehört neben dem Erreichen der Kerntemperatur und der Beschleunigung des Reifeprozesses auch, dass das Hygienerisiko durch Abtötung der Bakterien sinkt.

Das Vernichten der Vitamine, der erhöhte Saftaustritt, die gummiartige Veränderung des Bindegewebes und die Bildung von Dampf gehören zu den unerwünschten Reaktionen.

Im Zusammenhang mit der Umgebungstemperatur geschehen die gröbsten Fehler: Wir garen zu heiß und zu schnell. Und wer Fleisch heiß anbrät, um die Poren zu schließen, glaubt einer Lüge, welche vor Jahrzehnten in die Welt gesetzt wurde und die nur eines bewirkt: Wir erzeugen einen großen Druck auf das Fleisch. Dadurch entsteht ein höherer Gewichtsverlust und durch das Inaktivieren der Enzyme verzichten wir zusätzlich auf viel Genuss. Fleisch hat keine Poren.
Fleisch anzubraten macht nur dort einen Sinn, wo das Fleisch durch Bindegewebe oder Fett geschützt wird. Das heute angebotene Fleisch ist viel zu stark zugeschnitten und sollte deshalb, wenn schon, erst am Schluss des Garprozesses angebraten werden, weil die schädliche Auswirkung so geringer ist.

Wenn Sie die Wirkung von hohen Temperaturen selbst erleben wollen, so erinnern Sie sich, was passiert, wenn Sie mit Ihrem Finger an die heiße Herdplatte kommen. Die Folgen werden schnell sichtbar. Das Wasser in der Blase ist nicht übersehbar – beim Fleischanbraten verdampft es und fehlt beim Essen.
Ein erhöhter Wasseraustritt bedeutet immer einen zweifachen Schaden: Der Gewichtsverlust kostet Geld und durch die fehlende Feuchtigkeit vermindert sich der Genuss.

Druck und Spannung im Fleisch vermeiden

Der 75%ige Wasseranteil bei einem Schweineschnitzel ist in der Myofibrille eingelagert. Diese ist 1/1000 Millimeter klein und reagiert auf Temperaturschwankungen sehr schnell, indem das Wasser herausläuft und dann fehlt. Legen Sie mal eine Flasche Weißwein in das Tiefkühlfach und vergessen Sie sie …! Die Urkräfte werden sichtbar und funktionieren beim Fleisch gleich.

Fazit:

Je sanfter wir mit Fleisch umgehen, desto mehr Wasser bleibt darin erhalten.

Was der Garprozess bewirkt

Eiweiß muss durch den Garprozess verklebt werden.

Dies geschieht sehr schnell und ist bei einer Kerntemperatur von etwa 55 °C abgeschlossen. Je schonender es geschieht, desto besser, weil so die hitzeempfindlichen B-Vitamine weniger schnell zerstört werden.

Fett besteht zu ungefähr 82 % aus Fett, zu 12 % aus Wasser und zu 6 % aus Bindegewebe.

So ist Fleisch aufgebaut.

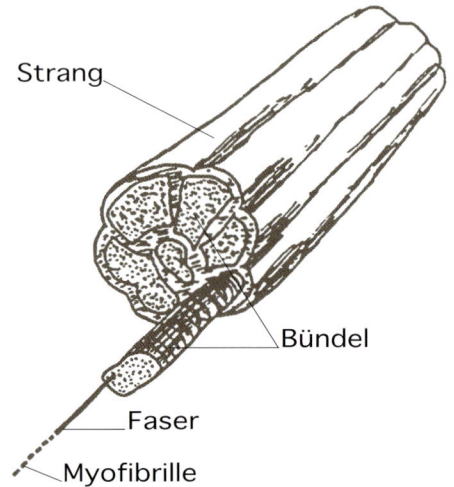

Strang

Bündel

Faser

Myofibrille

Bei niedrigen Gartemperaturen bleibt Fett eben Fett, verfestigt sich und ist eher nicht erwünscht. Ab einer Temperatur von 120 °C läuft es aus. Das Wasser verdunstet, das Fett bleibt in der Bratpfanne und das Bindegewebe bleibt als Grieben in der Pfanne oder am Fleisch. Grieben sind für mich Genuss pur, sei es auf einem Salat oder am Fleisch.

Bindegewebe ist besser als sein Ruf.

Es schützt das Fleisch, gibt ihm ein gutes Aroma und verleiht einer Sauce das gewisse Etwas, was ihr sonst oft in Pulverform zugeführt werden muss. Erinnern Sie sich an die Knochen- oder Schweinefuß-Beigabe bei einem Ragout/Gulasch oder Braten von früher? Bindegewebe erzeugt wahren Genuss, wenn man es richtig behandelt bzw. geliert. Dazu braucht es bescheidene Temperaturen von knapp 70 °C, über eine längere Zeit als bisher angenommen. Wer bindegewebsreiche Fleischstücke (Ragout/Gulasch, Schmorbraten, Suppenfleisch) zu heiß gart, erzeugt einen Druck, welcher Spannungen und damit zähes Fleisch verursacht.

Keine Kochzeitangabe möglich

Wer den optimalen Genuss von gabelzartem Fleisch erreichen will, muss ein bisschen lernen, wovon die Garzeit abhängig ist, und dann selbst entscheiden.

Hier einige Faktoren, die die Garzeit von Fleisch beeinflussen können:

• Die Dicke, nicht das Gewicht des Fleischstückes, ist entscheidend. Die Kerntemperatur muss erreicht werden, was bei einem dicken Fleischstück logischerweise länger dauert als bei einem dünnen, auch wenn das Gewicht das gleiche ist.

Ein Fleischstück sollte mindestens 2 Zentimeter dick sein, um es ideal zubereiten zu können.

• Der Muskel, aus welchem das Fleischstück geschnitten wurde. Beim Schwein gibt es 200 verschiedene lateinische Bezeichnungen für die Fleischmuskeln. Alle sind gut, wenn sie entsprechend zubereitet werden. Aber nicht alle haben die gleiche Garzeit.

• Die Ausgangstemperatur des Fleischstückes: Wurde es bei Zimmertemperatur aufbewahrt, benötigt es zum Erreichen der Kerntemperatur weniger lang, als wenn Sie es aus dem Kühlschrank nehmen.

• Das Alter des Tieres. Nicht alle Fleischstücke in der Verkaufsauslage stammen von einem Tier mit dem gleichen Alter. Ein Hähnchen wird bei uns z. B. nach etwa 35 Tagen geschlachtet; ein Hähnchen »Fermier de Loué« aus Frankreich aber erst nach 90 Tagen. Je älter das Tier, desto länger dauert der Garprozess.

• Die Leistung des Backofens, denn nicht jeder leistet gleich viel.

• Die Leistung der Herdplatte. Ich staune ob der unterschiedlichen Leistung der Herdplatten, auch wenn ich die Topfqualität einmal außer Acht lasse. Sind bei einem Induktionsherd mehrere Platten gleichzeitig in Betrieb, verändert sich die Leistung ganz erheblich.

• Die Feuchtigkeit im Backofen. Je höher die Feuchtigkeit, desto extremer die Leitfähigkeit der Wärme, was schnell zu unerwünschtem Druck führt. Sie können es bestens mit der finnischen Sauna vergleichen: 80 °C können für den Menschen sehr schnell zu einem Problem werden, wenn ein oder mehrere Aufgüsse gemacht werden. Vermeiden Sie deshalb dringend jede Feuchtigkeit im Backofen, sonst haben Sie schnell einen hohen Saftverlust, hartes Fleisch und wenig Genuss.

Die Lösung – Tipps für gute Ergebnisse

Bei trockenen Braten mit magerem Fleisch ist die Ziel-Kerntemperatur der entscheidende Wert. Suchen Sie die für das gewünschte Endergebnis niedrigste Kerntemperatur und halten Sie diese unbedingt ein.

Bei einem Steak geben Sie zuerst auf eine möglichst sanfte Art Wärme ins Zentrum. Anschließend braten Sie das Fleisch in der Bratpfanne oder auf dem Grill, bis Sie den gewünschten Garpunkt erreicht haben.
»Saignant«: Wenn sich Daumen und Zeigefinger leicht berühren, entspricht die Spannung des Fingerballens derjenigen des Fleischs. Wenn Sie Daumen und Zeigefinger leicht drücken, ist es »à point«.

Wichtig:

Im Zentrum vorgewärmtes Fleisch blutet nicht mehr, auch wenn es nur »saignant« gebraten wird, und ist auch deshalb viel sanfter im Biss.

Bei Schmorbraten, Siedfleisch, Ragout/Gulasch usw. in Sauce ist die Nadelprobe entscheidend. Eine Stricknadel muss ohne Widerstand durchs Fleisch gleiten. Die Kerntemperatur sagt hier nichts aus, weil solches Fleisch sehr lange bei niedrigen Temperaturen gegart wird, damit das Bindegewebe geliert. Diese Gerichte sollten, wenn immer möglich, am Vortag gegart werden, dann geraten Sie zeitlich auch nicht in Stress. Schneiden Sie das Fleisch unbedingt in kaltem Zustand auf, sie erhalten viel schönere Tranchen.

Die Fleischreifung

Werbung hin, Werbung her, Fleisch wird in Europa viel zu ungereift verkauft. Es gibt zwar mittlerweile Anbieter, welche Fleisch vor dem Verkauf lagern, aber eigentlich ist dies eher ein Stapeln, weil eine Reifung bei den vom Gesetzgeber vorgegebenen Bearbeitungs- und Aufbewahrungstemperaturen von 0 bis ca. 7 °C nur ganz, ganz bescheiden stattfindet. Der Fleischverarbeiter und -anbieter ist richtigerweise an diese Temperaturen gebunden, weil er ja nicht weiß, wann das Fleisch zubereitet wird.

Wer zartes Fleisch genießen will, kann viel dafür tun, indem er selbst für die Reifung sorgt. Dafür gibt es zwei unterschiedliche Verfahren.

Die chemische Reifung erfolgt dann, wenn Sie Fleisch in eine Genusssäure, also in eine Gewürzpaste einlegen. Durch die enzymatische Reifung werden die Zellen natürlich aufgeschlossen, wofür Zeit und Wärme erforderlich sind. Beide Reifungsarten sind uralt. Erst ab den 50er Jahren wurde Fleisch gekühlt. Noch im Jahr 1964 habe ich in der Schweizer Armee erlebt, wie Tiere geschlachtet und große Fleischstücke anschließend über 14 Tage ohne Kühlung aufbewahrt wurden. Unabhängige Fleischfachleute sind sogar der Ansicht, dass die heute übliche Schnellkühlung weit mehr Nachteile habe und die Konsumenten von den Vorteilen des kleineren Gewichtsverlustes nichts spüren.

Früher wurde Fleisch entweder einige Tage ungekühlt hängen gelassen oder in eine Beize gelegt. In einem Rezept aus dem »Berner Kochbuch« von 1886 wird Schweinefleisch für 10 bis 15 Tage ungekühlt in eine Wein-Essig-Beize eingelegt, bevor es als gebratenes Fleisch zubereitet wird.

Kaufen Sie wieder einmal Fleisch bei einem Metzger, welcher das geschlachtete Tier zuerst abhängen lässt und erst nachher kühlt, Sie werden über den Unterschied staunen.

Fleisch selbst reifen – so wird's gemacht

Fleisch selbst zu reifen ist problemlos und einfacher, als Sie denken. Gehen Sie für die natürliche Reifung Ihres Fleisches in diesen Schritten vor:

1. Kaufen Sie Fleisch, mit Ausnahme von Hackfleisch und Geschnetzeltem, einige Tage vor der geplanten Zubereitung ein.

2. Waschen Sie kompakte Fleischstücke mit kaltem Wasser und trocknen Sie sie mit Küchenpapier ab. So entfernen Sie die unerwünschte Milchsäure auf der Fleischoberfläche.

3. Bestreichen Sie das Fleisch mit einer säurehaltigen Gewürzpaste (Rezept siehe Seite 18). Die Gewürzpasten im Handel sind nicht ideal, weil sie zu flüssig sind und der Säureanteil zu gering ist. Dies erhöht den Feuchtigkeitsanteil beim Garen auf unerwünschte Weise. Der hohe Säureanteil macht das Fleisch mürbe und senkt den pH-Wert auf der Fleischoberfläche. Dies ist besonders wichtig, weil ein niedriger pH-Wert für die Vermehrung der Bakterien hinderlich ist.

4. Legen Sie das marinierte Fleisch in eine Schale und decken Sie es mit Klarsichtfolie ab.

5. Legen Sie den Zeitpunkt des Essens in etwa fest und rechnen Sie aus, wie viel Zeit bis zum Essen bleibt.

6. Stellen Sie das Fleisch zum Reifen an einen Ort mit dem erforderlichen Klima. Einwandfreies, keimarmes Fleisch erträgt folgende Lagerzeiten bei entsprechenden Lagertemperaturen:

- **Beispiel Schweinebraten vom Nierstück (Lende oder Lachs):**
  entweder ca. 3 Tage bei ca. 15 °C Raumtemperatur plus 4 Stunden bei Küchentemperatur
  oder ca. 24 Stunden bei ca. 22 °C Raumtemperatur
  oder 3 bis 4 Stunden im Backofen bei 40 °C

- **Beispiel Steak/Koteletts/Lammnierstück (Lende oder Lachs):**
  entweder aus dem Kühlschrank, dann 30 Minuten bei 80 °C im Backofen und anschließend in die Bratpfanne
  oder ca. 4 bis 6 Stunden bei ca. 22 °C Raumtemperatur, nachher 20 Minuten bei 80 °C im Backofen und anschließend in die Bratpfanne
  oder ca. 3 bis 4 Stunden im Backofen bei 40 °C, anschließend in die Bratpfanne

Es ist wichtig, dass das Fleisch von einer säurehaltigen Gewürzpaste umgeben ist und dass unmittelbar nach der Reifung das Fleisch gegart wird.

7. Behalten Sie das Fleisch während der Zeit außerhalb des Kühlschrankes täglich im Auge, respektive in der Nase. Fleisch ist nicht heute gut und morgen schlecht. Sollte der Geruch tatsächlich zu intensiv werden, können Sie die Reifephase natürlich jederzeit abbrechen und das Fleisch bis zu Beginn des Garens kühlen.

Die Gewürzpaste

Fleisch, welches mit einer säurehaltigen Gewürzpaste gut eingestrichen ist, ist nicht nur vor dem Austrocknen geschützt. Bedingt durch den niedrigen pH-Wert auf der Fleischoberfläche vermehren sich Bakterien auch im ungekühlten Zustand nur noch ganz langsam. Dadurch kann das Fleisch Temperaturen ausgesetzt werden, bei welchen eine Reifung überhaupt erst möglich ist.

Wer eine Gewürzpaste herstellt, sollte bereits an den nächsten Schritt denken, ans Garen des Fleisches. Da spielt die Feuchtigkeit im Backofen eine wichtige Rolle – je trockener, desto besser. Damit das marinierte Fleisch gut geschützt ist und ohne Manipulation in den Ofen gegeben werden kann, sollte die Gewürzpaste eher sehr fest sein und für den Garprozess nicht entfernt werden, damit das Fleisch weiter geschützt bleibt. Ideal ist es, bei der Herstellung nur so viel Flüssigkeit und nur so wenig Öl und Wasser beizugeben, wie es für die Durchmischung braucht.

Machen Sie Ihre Basisgewürzpaste selbst; sie lässt sich in einem Marmeladenglas problemlos über Wochen im Kühlschrank aufbewahren.

Verwenden Sie für die verschiedenen Fleischarten immer die gleiche Gewürzpaste, welche Sie nur von Fall zu Fall ergänzen müssen. Für eine Lammkeule mischen Sie noch zwei fein gehackte Knoblauchzehen unter die Gewürzpaste. Ich verwende für die Gewürzpaste aus hygienischen Gründen keine frischen Kräuter. Sie können aber zusätzlich noch frische Kräuter über das fertige Gericht geben. Machen Sie es sich einfach, aber marinieren Sie das Fleisch sofort und vor allem immer rundherum.

Grundrezepte für Gewürzpasten

Basisgewürzpaste
200 g Senf
200 g Streuwürze
80 g schwarzer Pfeffer, gemahlen
40 g Majoran
40 g Thymian
40 g Rosmarin
10 Tropfen Tabasco
200 ml Wasser
200 ml Olivenöl

Alle Zutaten in eine Schüssel geben und gut mischen. Die Gewürzpaste sollte sehr zähflüssig sein. In ein Marmeladenglas abgefüllt lässt sie sich im Kühlschrank über Wochen aufbewahren.

Mediterrane Gewürzpaste
8 g Basilikumpulver
8 g Oregano, getrocknet
8 g Dill, getrocknet
8 g Thymian, getrocknet
8 g Rosmarin, getrocknet
8 g Paprikapulver
8 g schwarzer Pfeffer, gemahlen
10 g Salz
20 g Streuwürze
20 g Senf
abgeriebene Schale von
  1 unbehandelten Zitrone
4 Knoblauchzehen, ganz fein gehackt
3 EL Zitronensaft
je ca. 75 ml Wasser und Olivenöl

Alle Zutaten in eine Schüssel geben und gut mischen. Die Gewürzpaste sollte sehr zähflüssig sein. In ein Marmeladenglas abgefüllt lässt sie sich im Kühlschrank über Wochen aufbewahren.

Die säurehaltige Marinade schützt das Fleisch vor bakteriellem Verderb.

Streuwürze

Der Gesetzgeber in der Schweiz umschreibt dieses Würzmittel so: »Streuwürze ist ein festes, mischfähiges, auf Basis von Speisesalz hergestelltes Erzeugnis. Es können weitere Zutaten wie Hefe, Gemüse, Pilze, Gewürze und, zur Erzielung einer besseren Rieselfähigkeit, Stärke oder Fett zugegeben werden.«

Ohne Zweifel, Streuwürze ist das teuerste Salz, das Sie kaufen können. Aber für mich ist die Verwendung der neutralen Streuwürze als Salzersatz praktisch, weil geschmacklich oft etwas fehlt, wenn nur mit Salz gewürzt wird. Zudem ist dieses Salz eingekapselt und erzielt seine Wirkung erst ab einer bestimmten Temperatur, was es für den Einsatz in einer Gewürzpaste natürlich speziell wertvoll macht.

Immer wieder werde ich gefragt, wieso ich Streuwürze beim Kochen verwende. Nun, die Verwendung ist selbstverständlich Ansichtssache, wählen Sie Ihren eigenen Weg. Wenn Sie statt Streuwürze lieber Salz verwenden, sollten Sie immer auch etwas Zucker beigeben. Viele Köche starten den Garprozess mit dem Einstreuen von Puderzucker.

Die Saucen

Mit der geschilderten sanften Garmethode ändert sich auch die Zubereitung einer Sauce. Es gibt praktisch keinen Bratensatz, den weiter zu verwenden sich lohnt. Ich verzichte deshalb darauf und bereite die Sauce möglichst vor dem Fleisch zu. Damit ich eine gehaltvolle Sauce bekomme, verwende ich Hilfsmittel wie Bratenfond, Bouillon und Bratensaft. Solange Ihre Sauce nicht nur zu 100 % aus dem Beutel stammt, können Sie damit guten Erfolg erzielen. Ich verwende diese Hilfsmittel in Pulver- oder Granulatform oder als Extrakt bzw. als Würfel, damit ich auf das lange Einkochen verzichten kann. Die Dosierung ist zudem einfach und kann nach Belieben erfolgen. Die Konzentration und die Würfelgröße sind pro Land und Anbieter recht unterschiedlich. Deshalb gebe ich in den Rezepten die Saucenmenge an, empfehle Ihnen aber auch die Verwendung von Trockenprodukten.

Die Temperaturkontrolle – ein absolutes Muss

Nur wer weiß, wie sein Backofen funktioniert, kann Genuss erzeugen. Darunter verstehe ich nicht nur die Kenntnis über die effektive Backofentemperatur, sondern auch, wann er ein- und ausschaltet und die Temperaturgenauigkeit des Kerntemperaturmessers.

Die Backofentemperatur

Kontrollieren Sie beim ersten Garen auf jeden Fall die Temperatur Ihres Backofens mit einem mobilen Bratthermometer. Stellen Sie den Backofen auf 80 °C ein und kontrollieren Sie anhand des Thermometers, ob er beim Aufheizen übersteigt oder ob die gewählte Backofentemperatur mit der des Thermometers übereinstimmt. Falls nicht, merken Sie sich die Differenz. Nur ganz wenige Backöfen zeigen die tatsächliche Temperatur an!

Anschließend lassen Sie den Backofen in Betrieb und öffnen die Türe. Klären Sie mit dem mobilen Bratthermometer ab, wann der Backofen wieder einschaltet. Sie hören dies in Form eines Klickens oder sehen es anhand eines Lichtes, welches am Backofen aufleuchtet.

Misstrauen Sie den Angaben, die Ihr Herd zeigt. Die Temperaturen stimmen meistens nicht und müssen nachgeprüft werden.

Klären Sie weiter ab, wie weit der Backofen jetzt automatisch aufheizt, und passen Sie die Gartemperatur den so gewonnenen Werten an. Die Temperatur im Backofen sollte bei einem mageren Braten 88 °C in keinem Fall übersteigen. Wenn als Beispiel Ihr Backofen die Temperatur exakt anzeigt und die Differenz zwischen Ein- und Ausschalten 22 °C beträgt – also der Herd bei offener Backofentüre erst bei 58 °C wieder einschaltet – so sollten Sie dies bei der Garzeit einberechnen, welche natürlich etwas länger ist. Sie können aber den Backofen auch auf 88 °C stellen, so gart das Fleisch zwischen 66 °C und 88 °C.

Ober-/Unterhitze oder Umluft

Wenn Ihr Backofen nur mit Ober-/Unterhitze funktioniert, sollten Sie die Gartemperatur nicht erhöhen. Entscheidend bei einem Braten ist die Kerntemperatur, also dauert der Garprozess der trägen Temperaturveränderung bei Ober-/Unterhitze entsprechend länger.

Für die Fleischreifung bei 40 °C sollten Sie nicht mit Ober- oder Unterhitze arbeiten, weil viele Geräte beim Aufheizen des Backofens überheizen. Und mit 45 °C wirkt bereits zu viel Wärme auf das Fleisch ein. Wenn Sie für die Fleischreifung bei 40 °C Backofentemperatur mit Ober- und Unterhitze arbeiten müssen, sorgen Sie dafür, dass die Temperatur beim Aufheizen 40 °C wirklich nicht übersteigt. Besser geeignet ist die Umluft.

Meine Rezepte erfordern keine neue Küchenausrüstung – ein Kerntemperaturmesser, etwas mehr Zeit und Organisation genügen.

Der Kerntemperaturmesser

Ebenfalls kontrollieren müssen Sie den oftmals bereits in den Herd eingebauten Kerntemperaturmesser. Legen Sie einen mobilen Kerntemperaturmesser ohne Kontakt zu Metallflächen daneben und vergleichen Sie.

Die im Handel erhältlichen Kerntemperaturmesser nennen für Fleisch oft Temperaturen, die viel zu hoch sind. Ignorieren Sie diese und richten Sie sich nach den in den Rezepten aufgeführten Werten.

Die Garprogramme

Sie können mit Umluft oder mit Unter- und Oberhitze garen. Umluft funktioniert schneller und direkter. Unter- und Oberhitze arbeiten bei verschiedenen Geräten etwas schonender, da die Luftumwälzung sanfter erfolgt.

Voreingestellte Kochprogramme arbeiten falsch. Viel besser ist es, wenn Sie individuell arbeiten.

Moderne Backöfen haben ein spezielles Niedrigtemperatur-Programm. Da dieses nicht nur mit einer großen Hitze startet und so Spannung und Druck im Fleisch erzeugt, sondern auch die Backofentemperatur gegen Ende des Garprozesses senkt, bewirkt es genau das Gegenteil des »Zart garens« und ist dafür ungeeignet. Stellen Sie das Garprogramm besser manuell ein, wenn Sie mit dem eingebauten Kerntemperaturmesser arbeiten.

Die Fleischqualität
und mehr

Alle wollen beste Qualität beim Fleisch – doch was heißt das? Sieht solches Fleisch speziell schön aus oder ist es speziell teuer? Weder noch – lernen Sie, die Fleischqualität selbst zu beurteilen.

Der Verwendungszweck ist entscheidend

Damit das, was Sie als Qualität kaufen, auch das gewünschte Resultat ergibt, müssen Sie es zum entsprechenden Produkt verarbeiten. Oder anders gesagt: Ein Stück Fleisch vom Schenkel ist nicht automatisch von schlechterer und die eines Filets nicht zwingend von guter Qualität. Wenn Sie aus dem Schenkel ein Ragout machen und richtig zubereiten, erhalten Sie etwas Wundervolles. Und wenn Sie das Filet für Ragout verwenden und total verkochen, werden Sie logischerweise enttäuscht.

Etwas Grundwissen

Der Vorderteil eines Tieres vollbringt zu Lebzeiten mehr Leistung und benötigt mehr Kraft als der hintere Teil. Deshalb ist die Fleischstruktur vom Vorderteil etwas gröber. Das Fleisch hat mehr Bindegewebe und wird normalerweise in Flüssigkeit weich gegart.

Der hintere Teil ist feiner, verschiedene Muskeln eignen sich sogar zum ganz kurzen Garen. Da die Nachfrage nach feinen Muskeln vom Hinterteil größer ist, ist dieses Fleisch auch teurer. Angebot und Nachfrage bestimmen schließlich auch hier den Preis.

Alter – Mastgrad – Fettauflage

Die Qualität des Fleisches hängt neben dem Verwendungszweck in erster Linie von drei wichtigen Faktoren ab: dem Alter des Tieres, dem Mastgrad und der Fettauflage.

Je jünger das Tier, desto feinfaseriger die Muskeln und desto sanfter das Fleisch im Biss. Jüngere Tiere haben ein geringeres Gewicht, die Muskelpakete sind nicht übergroß. Das Fleisch ist somit automatisch (viel) weicher.

Mit dem fortschreitenden Alter der Tiere werden das Bindegewebe und die Sehnen immer gröber und härter. Solches Fleisch kann man nicht mehr »kurz braten«. Sanft und lange genug gegart, kann aber auch das Fleisch von älteren Tieren Genuss bereiten.

Wer Fleisch noch nicht nach meiner Methode zubereitet hat, weiß nicht, wie gabelzart es sein kann und wie gut es schmeckt.

Mehr als ein kleiner Unterschied. Oben der fein marmorierte Schweinebraten und unten der übliche, magere und trockene mit einem höheren Gewichtsverlust.

Der Mastgrad und die Fettauflage sind mindestens ebenso wichtig, aber in letzter Zeit etwas in den Hintergrund gedrängt worden. Alle wollen mageres Fleisch – wen wundert es, dass viele Konsumenten mit der Qualität nicht zufrieden sind. Das viel gerühmte US-Beef stammt von Rindern, die mit viel Mais gemästet werden, was ein schier traumhaftes Steak mit viel intermuskulärem Fett ergibt. Die Amerikaner können sich das leisten. Derart mit Fett durchzogene Vorderviertel des Tieres werden dort problemlos mit allem Fett zu Hamburgern verarbeitet. Bei uns fehlt dazu die Nachfrage.

Die legendären spanischen Schweine, die sogenannten »Pata negra«, werden die letzten drei Monate vor der Schlachtung in Eichenwäldern gehalten. Die Eicheln als Hauptnahrung verursachen eine regelrechte Verfettung des Fleisches, was dem Schinken das unverkennbare Aroma gibt. Ohne Fett also kein Genuss.

Kaufen Sie Fleisch mit einer Fettauflage
Tierische Fette schützen das Fleisch und sorgen für ein tolles Aroma. Das Problem ist einzig die Menge. Aber beim Fleisch auf die Kalorien zu achten ist sowieso falsch, weil ein Großteil der Fette bei der Zubereitung ausläuft und in der Bratpfanne bleibt. Wem Kalorien wichtig sind, der achte besser bei der Saucenzubereitung darauf. Extrem ist das beispielsweise bei einem Fondue Chinoise. Die 200 g Fleisch pro Person haben bescheidene 210 Kalorien. Dazu servieren Sie 100 g Sauce. Ob Sie diese mit Mayonnaise (700 Kalorien pro 100 g) oder mit Speisequark und saurer Sahne oder Crème fraîche (ca. 150 Kalorien per 100 g) herstellen, ist viel entscheidender.

Auf Rollbraten verzichten
Wenn Fleisch gerollt und gebunden angeboten wird, ist es zusätzlichem Druck ausgesetzt. Zudem kann das Fett im Innern des Fleisches nicht auslaufen, was den Genuss nicht fördert.

Fett und Bindegewebe schützen

Fleisch wird heute für den Verkauf total blank dressiert. Der Verkäufer meint, dem Kunden damit einen Gefallen zu tun, macht aber damit genau das Gegenteil. Fett und Bindegewebe an der Außenseite des Fleisches schützen nicht nur vor übermäßigem Saftverlust, sie verhelfen dem Fleisch auch zu richtigem Geschmack.

Wer bei rohem Fleisch alles Bindegewebe und Fett wegschneidet, macht mehrfache Fehler. Er verteuert den Rest des Fleisches, vergrößert automatisch den Garverlust und darf sich über ein nur mittelmäßiges Ergebnis auf dem Teller nicht wundern. Kaufen Sie Fleisch mit einer Schutzhülle aus Bindegewebe und Fett. Was nach dem Garen noch sichtbar ist, kann notfalls dann weggeschnitten werden.

Am besten suchen Sie sich einen Anbieter, der beim Zuschnitt nicht so weit geht und Fleisch mit etwas Fett und Bindegewebe zu einem günstigeren Preis anbietet.

Die Fleischfarbe

Frisches Fleisch ist heller in der Farbe, gelagertes, gereiftes Fleisch eher dunkel. Die Fettauflage bei einem jungen Ochsen ist hell/weiß, diejenige einer älteren Kuh eher gelblich.

Vakuumverpacktes Rindfleisch ist immer dunkel und gräulich. Einmal ausgepackt, mit kaltem Wasser abgespült und von Luft umgeben erholt sich die Farbe sehr schnell. Das fleischeigene Myoglobin benötigt Sauerstoff.

Schweinefleisch sollte eine kräftige rote Farbe aufweisen. Ist es dunkel (solches fühlt sich auch klebrig an) so weist das ebenso auf einen Schaden hin wie zu blasses Fleisch.

Das richtige Fleischstück

Unglaublich, wie mit der Zeit gewisse Fleischmuskeln zu Modeartikel in der Küche geworden sind. »Nuss« als Braten und »Tafelspitz« als Suppen-/Siedfleisch kennen Sie sicher.

Kaufen Sie nach Möglichkeit frisches Geflügel. Es lohnt sich – besonders wenn es ideal zugeschnitten ist.

Die Temperaturen beim »Zart garen« müssen genau eingehalten werden, um in den vollen Genuss der Gerichte zu kommen.

Das Nussstück ist nahezu rund, hat eine Sehne in der Mitte und ist nach dem Braten kugelrund. Schöne und gleichmäßige Scheiben daraus zu schneiden ist nahezu unmöglich. Ähnlich der Tafelspitz: ganz unterschiedlich zart, derart unförmig, dass er weder perfekt zu garen noch richtig aufzuschneiden ist. Kenner wählen sicher ein anderes Fleischstück, wie zum Beispiel das Schaufelstück/Schulterspitz.

Je gleichmäßiger ein Stück Fleisch beschaffen ist, desto einfacher und genauer lässt es sich garen. Lassen Sie sich vom Metzger beraten und kaufen Sie anschließend nicht Siedfleisch, sondern Fleisch vom Muskel x.

Das Fleischstück – je größer, desto besser

Siedfleisch, Schmorbraten und Ragout/Gulasch in einer Sauce sanft zu garen ist etwas in Vergessenheit geraten, obwohl sie kulinarisch problemlos mit einem Filet vergleichbar sind. Der Grund dürfte beim Aufwand und den immer kleiner werdenden Haushalten liegen. Wer für zwei Personen einen Schmorbraten macht, sieht sich bezüglich Stückauswahl und Fleischqualität einer ganzen Reihe von Problemen gegenüber: Er möchte sein 500 g schweres Fleischstück in länglicher Form haben, damit es schöne und quer zu den Fasern aufgeschnittene Scheiben gibt, welche gleichzeitig von Bindegewebe geschützt werden. Das alles gibt es so nicht. Und wer den Aufwand für 500 g Fleisch scheut, den verstehe ich.

Die Lösung ist einfach: Kaufen und garen Sie die dreifache Fleischmenge, Sie erleben nur Vorteile. Je größer das Fleischstück, desto einfacher lässt es sich garen. Der Aufwand bleibt der gleiche. Garen Sie das Fleisch am Vortag und schneiden Sie es dann im kalten Zustand in regelmäßige Scheiben. Zwei Portionen legen Sie in je eine Aluform und überdecken das Fleisch mit Sauce. So lässt es sich prima tiefkühlen und ist schnell auf dem Tisch.

Labels und Marken

Früher waren die Wege klar und kurz. Der Metzger kannte den Bauern und wusste, wie dieser mit den Tieren umging. Dieser Teil der Fleischqualität bildete einen wichtigen Punkt für das Image des Metzgers. Viele und sinnlose Gesetze haben zu einer Konzentration in allen Bereichen geführt. Die Schlachthöfe sind monströs, die langen Transportwege, welche die Tiere vor der Schlachtung belasten, sind geradezu unsinnig und die Vermarktung selbst undurchschaubar. Dafür haben wir jetzt Labels und Marken.

Viele Vergleiche haben gezeigt, dass der innere Wert von Markenfleisch nicht größer ist als der von anderem Fleisch. Weder beim Garverlust noch bei der Degustation sind klare Unterschiede erkennbar. Kaufen Sie Fleisch bei einem Metzger, dem Sie vertrauen – das ist das beste Label.

Das gehört dazu –

Hygiene

Bakterien gibt es überall, mit ganz wenigen Ausnahmen sind sie sogar für unser Überleben wichtig. Es gäbe ohne sie keinen Schinken und keinen Käse. Aber je weniger Bakterien auf unseren Speisen sind, desto besser ist es natürlich.

Vielerorts reagiert man gegenüber Bakterien geradezu hysterisch. Das zeigt sich auch an der Gesetzesflut, mit der man (vergeblich) versucht, Naturprodukte keimfrei zu bekommen.

Hygiene ist eine Mischung aus Sauberkeit, gesundem Menschenverstand und bewusstem Arbeiten. Bei gesundem Fleisch – und nur solches gelangt in den Verkauf – ist das Zentrum immer steril. Die Bakterien sitzen auf der Oberfläche und vermehren sich bei optimalen Bedingungen in einem feuchten, warmen Klima und mit genügend Sauerstoff mittels Zellteilung alle 20 Minuten.

Wichtig zu wissen

Wir sind den Bakterien aber nicht hilflos ausgeliefert. Unsere Hände sind der wichtigste Hygienefaktor: Wer sie gründlich wäscht, entfernt dabei die meisten Keime. Und je kälter die Lebensmittel aufbewahrt werden, desto kleiner ist die Vermehrungsrate. Unter 5 °C vermehren sich die Bakterien, welche uns schikanieren, nur noch ganz langsam, bei minus 18 °C im Tiefkühlfach sind sie sogar ruhig gestellt. Aber Achtung: Beim Auftauen geht der Vermehrungsprozess munter weiter. Deshalb ist es wichtig, dass tiefgekühlte Produkte im Kühlschrank aufgetaut werden.

Bei 37 °C entwickeln sich die meisten Bakterien optimal. Ab 50 °C verlangsamt sich die Entwicklung und ab ca. 63 °C sterben die Bakterien ab. Je höher die Gartemperaturen, desto schneller wird das Produkt keimfrei – aber auch weniger sanft im Biss.

Einfache Hilfsmittel

Die Vermehrung der Bakterien wird nicht nur durch Kühlung, sondern auch durch Säure auf der Oberfläche stark eingedämmt. Das wussten schon unsere Vorvorfahren, welche Fleisch oft gebeizt haben und es in der Wärme stehen ließen, damit es zart wurde. Das Auftragen einer säurehaltigen Gewürzpaste bewirkt dasselbe. Dadurch senkt sich der pH-Wert auf der Fleischoberfläche, was die Bakterienvermehrung stark reduziert.

Darauf ist besonders zu achten

Beim Geflügel ist der rohe Saft ein großes Risiko. Wenn der Saft nach dem Garen klar aus der Bauchhöhle läuft, ist das Brathähnchen hygienisch unbedenklich und damit das vorhandene Risiko behoben. Die Bearbeitung des rohen Geflügels sollte in einer Schale und wenn möglich an einem sauberen Ort erfolgen. Wenn nach der Bearbeitung alle Gerätschaften und die Hände sauber gereinigt und die Reinigungstücher gewechselt werden, so bleibt das Risiko sehr klein. Wer alle Gerätschaften mit der Spülmaschine reinigt, senkt das Risiko weiter, weil dies die effektivste Reinigungsart ist.

Bewahren Sie heikle Frischprodukte im Kühlschrank in der kältesten Zone bei unter 5 °C auf; da Kälte nach unten fällt, ist das also der untere Bereich des Kühlschranks. Was Sie nicht sofort brauchen, ist gut verpackt im Tiefkühlfach besser aufgehoben.

Wichtige Erkenntnis – meine Einteilung in Zubereitungsgruppen

Jede Fleischsorte muss anders behandelt werden – wer das weiß und berücksichtigt, hat mit Sicherheit Erfolg. Ich habe folgende Einteilung vorgenommen:

Kleine Fleischstücke zum Kurzbraten:
Steaks, Koteletts, Lammnierstück
(Lende oder Lachs)

Braten aus magerem Fleisch:
Schweinenierstück (Lende oder Lachs),
Lammkeule, Roastbeef, Kalbsbraten

Bindegewebsreiche Fleischstücke:
Schmorbraten, Siedfleisch,
Ragout/Gulasch

Mit Fett durchwachsene Braten:
Kalbsbrust, Schweinenacken

Geschnetzeltes:
Klein geschnittenes,
zartes Fleisch ohne
Fett und Bindegewebe

»Zart garen«

Rezepte

Kleine
Fleischstücke –
kurz gebraten

Was gehört dazu?

Mindestens 2,5 cm dicke Fleischstücke aus einem zarten Muskel zum Kurzbraten.

Zum Beispiel:

Schweinesteak, Rindersteak, Kalbssteak, Lamm-nierstück, Schweinekotelett, Kalbskotelett, Hoch-rückensteak ohne Knochen, Entrecôte double

Nicht dazu gehören:

Schnitzel, Lammfilet, Geschnetzeltes

Ziel:

Bei den kleinen Fleischstücken zum Kurzbraten geht es zuerst darum, ins Zentrum des Fleischs auf eine möglichst sanfte Art Wärme zu brin-gen, damit diese nicht mit viel Druck durch das Braten hineingebracht werden muss. Mit dem anschließenden Braten in der Pfanne wird der gewünschte Garpunkt erreicht. Diese Zubereit-tung bringt dermaßen große Vorteile für das Fleisch, dass Sie über den Mehrgenuss staunen werden.

Beachten Sie folgende Punkte:

• Kontrollieren Sie vor der ersten Benutzung des Backofens die Temperaturen auf die Genauigkeit (Anleitung Seite 20).

• Achten Sie beim Einkauf darauf, dass das Fleisch gleichmäßig dick geschnitten wird.

• Kaufen Sie das Fleisch möglichst einige Tage vor der Zubereitung, damit Sie es zu Hause rei-fen lassen können (Details Seite 17).

• Sofort nach dem Einkauf spülen Sie das Fleisch mit kaltem Wasser, trocknen es mit Küchenpa-pier, bestreichen das Fleisch mit einer säurehal-tigen Gewürzpaste (Seite 18) und lagern es abgedeckt den räumlichen Möglichkeiten und der Zeit entsprechend so, dass es reifen kann.

• Das Fleisch sollte mindestens 4 Stunden vor Beginn des Bratprozesses zugedeckt bei Kü-chentemperatur aufbewahrt werden.

Starten Sie den Garprozess auch bei die-sen kleineren Fleischstücken nie direkt mit dem Anbraten.

Auch kleine Fleischstücke wie Steaks oder Koteletts können durch das »Zart garen« aufgewertet werden.

Zubereitung Variante A
(Sie haben leider wenig Zeit und/oder keinen Backofen mit Umluftfunktion)

• Geben Sie das Fleisch mit dem Geschirr ohne Folie in die Mitte des Backofens und stellen Sie diesen auf 80 °C.

• Kommt das Fleisch direkt aus dem Kühlschrank, so lassen Sie es für 30 Minuten im Backofen.

• Stand das Fleisch bereits einen halben Tag in der Küche, so lassen Sie es für 20 Minuten im Backofen.

• Wenden Sie das Fleisch im Backofen, damit es an der Oberfläche nicht antrocknet.

• Geben Sie das Fleisch anschließend in die heiße Bratpfanne oder auf den Grill, und braten Sie es mit wenig Fett (Butterschmalz oder Olivenöl) beidseitig unter mehrmaligem Wenden, bis es den gewünschten Garpunkt (Details Seite 16) erreicht hat. Beachten Sie, dass derart vorgewärmtes Fleisch sehr schnell gar wird.

Zubereitung Variante B
(Sie haben genug Zeit und einen Backofen mit Umluftfunktion)

• Geben Sie das mit einer Folie zugedeckte Fleisch mit dem Geschirr ca. 3 Stunden vor dem Essen in die Mitte des Backofens und stellen Sie diesen auf Umluft 40 °C.

• Geben Sie das Fleisch kurz vor dem Essen in die heiße Bratpfanne oder auf den Grill und braten Sie es kurz mit wenig Fett (Butterschmalz oder Olivenöl) beidseitig unter mehrmaligem Wenden, bis es den gewünschten Garpunkt (Details Seite 16) erreicht hat. Beachten Sie, dass derart vorgewärmtes Fleisch sehr schnell gar wird.

Hochrückensteaks
vom Rind mit Zitronenrisotto

Zum Einstieg

• Kontrollieren Sie vor der ersten Benutzung des Backofens die Temperaturen auf Genauigkeit (Seite 20).

• Kaufen Sie das Fleisch möglichst einige Tage vor der Zubereitung, damit Sie es zu Hause nachreifen lassen können (Seite 17).

• Rechnen Sie mit einer Garzeit von 5 bis 6 Stunden.

• Sagen Sie dem Fleischverkäufer, dass Sie einen sehr fetten Hochrücken wünschen. Sie erkennen den Fettanteil an der Größe des Fettauges inmitten des Schnittbildes und an den vielen weißen Punkten im Fleisch, die auf das wichtige intermuskuläre Fett hinweisen.

• Ein Entrecôte double können Sie auf die gleiche Art zubereiten.

• Mit dieser einfachen Beilage kommt das zart gegarte Steak noch besser zur geschmacklichen Entfaltung.

• »Mit wenig viel erreichen« – dieses Motto gilt für dieses Rezept besonders.

Zutaten

4 Steaks aus der ausgelösten Hochrippe vom Rind (Hochrückensteak) à ca. 300 g mit einem großen Fettauge

2 EL säurehaltige Gewürzpaste (Seite 18)

1 EL Olivenöl

für den Risotto

60 g Butter

1 Zwiebel, fein gehackt (60 g)

1 1/2 Tassen Risottoreis

200 ml trockener Weißwein

2 Lorbeerblätter

abgeriebene Schale von 1 unbehandelten Zitrone

2 EL Zitronensaft

1 1/2 l heiße Gemüsebouillon

Zitronenpfeffer

50 g Sahne

Zubereitung

1 | Sofort nach dem Einkauf das Fleisch mit kaltem Wasser abspülen und mit Küchenpapier trocknen. Mit der Gewürzpaste einreiben und die Steaks zusammengeschoben flach auf ein Backblech legen.

2 | Mindestens 4 Stunden vor Beginn des Bratprozesses stellen Sie das Fleisch mit einer Frischhaltefolie abgedeckt in die Küche.

3 | 6 Stunden vor dem Essen stellen Sie das Backblech mit dem Fleisch – es ist immer noch mit der Frischhaltefolie zugedeckt – in den Backofen bei 40 °C.

4 | 30 Minuten vor dem Essen braten Sie das Fleisch von beiden Seiten in Olivenöl, bis es den gewünschten Garpunkt erreicht hat. Drücken Sie mit einer Kelle auf das Fettauge, damit das Fett etwas ausbrät. Bei dieser sanften Garmethode ist es nicht nötig, dass das Fleisch durchgebraten wird, weil auch bei »saignant« gebratenem Fleisch kein Saft mehr herausläuft.

5 | Erhöhen Sie die Temperatur des Backofens auf 60 °C und geben Sie die angebratenen Steaks für 10 Minuten in den Backofen zurück.

Zubereitung Risotto

1 | 20 g Butter in einer Pfanne schmelzen und die Zwiebeln darin andünsten.

2 | Den Risottoreis einrühren, mit dem Weißwein ablöschen und die Lorbeerblätter dazugeben. Abgeriebene Zitronenschale und -saft dazugeben.

3 | Nach und nach in kleinen Mengen die heiße Gemüsebouillon unterrühren, bis der Risotto bissfest ist.

4 | Mit Zitronenpfeffer abschmecken, die restliche Butter und die Sahne in den Risotto rühren.

5 | Die Lorbeerblätter entfernen und den Risotto mit den Steaks servieren.

Schweinekoteletts
mit Tomaten provençale

- Kontrollieren Sie vor der ersten Benutzung des Backofens die Temperaturen auf Genauigkeit (Seite 20).

- Kaufen Sie das Fleisch möglichst einige Tage vor der Zubereitung, damit Sie es zu Hause nachreifen lassen können (Seite 17).

- Achten Sie beim Kauf der Schweinekoteletts darauf, dass das Schnittbild zweifarbig und nicht ganz mager ist.

- Sie können die Schweinekoteletts auch auf die langsame Art (Seite 31) zubereiten.

- Bei dieser kräftigen Sauce besteht die Gefahr, dass es beim Kochen mit zu großer Hitze zu unangenehmen Spritzern kommt.

Zutaten

4 Schweinekoteletts à ca. 200 g, gleichmäßig geschnitten, leicht mit Fett durchzogen

2 EL säurehaltige Gewürzpaste (Seite 18)

1 EL Olivenöl

für die Tomaten

1 EL Olivenöl

2 Zwiebeln, fein gehackt (120 g)

4 Knoblauchzehen, fein gehackt

2 Möhren, fein gerieben

1 TL Majoran

1 TL Thymian

1 TL Basilikum

1 Msp. Cayennepfeffer oder Chilipulver

200 ml Bouillon aus 1/2 Würfel

800 g geschälte Tomaten (Dose)

40 g Tomatenmark

50 ml Rum

schwarzer Pfeffer, frisch gemahlen

Salz

1 Msp. Zucker

Zubereitung

1 | Die Koteletts sofort mit kaltem Wasser abspülen, mit Küchenpapier trocknen, Knochensplitter entfernen und die Koteletts rundherum mit der Gewürzpaste bestreichen. Dann das Fleisch auf ein Backblech legen, zusammenschieben, abdecken und möglichst für 1 bis 2 Tage zugedeckt bei etwa 12 bis 15 °C aufbewahren.

2 | Die Koteletts vor Beginn des Bratprozesses für mindestens 4 Stunden mit einer Frischhaltefolie zugedeckt in der Küche stehen lassen.

3 | Schalten Sie den Backofen auf Umluft 80 °C und schieben Sie das Backblech mit dem Fleisch ohne Folie für 25 Minuten (wenn das Fleisch direkt aus dem Kühlschrank kommt für 30 Minuten) auf die mittlere Schiene des Ofens.

4 | Das Olivenöl in einer Bratpfanne erhitzen und die Koteletts von beiden Seiten darin braten, bis sie knapp den gewünschten Garpunkt erreicht haben.

5 | Reduzieren Sie die Backofentemperatur auf 60 °C und geben Sie die angebratenen Koteletts nochmals für 5 bis 15 Minuten in den Backofen zurück.

Zubereitung Tomaten

1 | Das Öl in einer großen Pfanne erhitzen, Zwiebeln und Knoblauch darin glasig andünsten.

2 | Die Möhren und alle Gewürze hinzufügen, alles gut verrühren.

3 | Die Bouillon unterrühren und auf ein Viertel einkochen lassen.

4 | Die Tomaten dazugeben und die Flüssigkeit wieder auf ein Viertel einkochen lassen, bis alles dickflüssig ist.

5 | Tomatenmark und Rum darunterziehen und bei schwacher Hitze, halb zugedeckt, möglichst ganz einkochen lassen. Mit Pfeffer, Salz und Zucker abschmecken. Zu den Koteletts servieren.

Kalbssteaks
mit Portweinsauce

• Kontrollieren Sie vor der ersten Benutzung des Backofens die Temperaturen auf Genauigkeit (Seite 20).

• Kaufen Sie das Fleisch möglichst einige Tage vor der Zubereitung, damit Sie es zu Hause nachreifen lassen können (Seite 17).

• Sie können kleine Fleischstücke zum Kurzbraten auf eine schnellere und eine langsamere Art zubereiten. Auf die schnelle Art können Sie mit sehr zartem Fleisch rechnen, mit der langsameren Art ist noch eine Steigerung möglich! Ich zeige Ihnen hier die langsamere Art. Die schnellere Art finden Sie im Rezept Schweinekoteletts mit Tomaten provençale, Seite 34)

Zutaten

4 Kalbssteaks
à ca. 170 g bis 200 g

2 EL säurehaltige Gewürzpaste
(Seite 18)

1 EL Olivenöl

für die Portweinsauce

3 EL Zucker

100 ml Portwein

abgeriebene Schale von
1 unbehandelten Orange

Saft von 1 Orange

100 ml trockener Weißwein

Konzentrat für 200 ml Bratensaft

1 TL Speisestärke

Salz

schwarzer Pfeffer, frisch gemahlen

Zubereitung

1 | Die Steaks sofort mit kaltem Wasser abspülen, mit Küchenpapier abtrocknen, Knorpelreste entfernen und die Steaks mit einer säurehaltigen Gewürzpaste bestreichen. Dann auf ein Backblech legen, zusammenschieben, abdecken und möglichst für 1 bis 2 Tage bei etwa 12 bis 15 °C aufbewahren.

2 | 4 Stunden vor Beginn des Bratprozesses schieben Sie das Backblech mit dem Fleisch, mit Frischhaltefolie zugedeckt, bei Umluft 40 °C, auf die mittlere Schiene des Backofens.

3 | Anschließend das Olivenöl erhitzen und die Kalbssteaks von beiden Seiten braten, bis sie knapp den gewünschten Garpunkt erreicht haben. Dies geschieht recht schnell, weil die Temperatur im Innern des Fleisches bereits hoch ist.

4 | Erhöhen Sie die Backofentemperatur auf 60 °C und geben Sie die angebratenen Steaks nochmals für 5 bis 15 Minuten in den Backofen.

Zubereitung Sauce

1 | Den Zucker mit 1 Esslöffel Wasser in einem Topf unter Rühren hellbraun karamellisieren lassen.

2 | Den Portwein erhitzen und in den Karamellzucker rühren. Abgeriebene Schale und Saft der Orange dazugeben, Weißwein und Bratensaftkonzentrat einrühren und die Sauce einige Minuten köcheln lassen.

3 | Die Speisestärke unterrühren und die Sauce nochmals aufkochen lassen.

4 | Mit Salz und Pfeffer abschmecken und die Sauce zu den Steaks servieren.

Lammnierstück
mit Peperonata

- Vom Handel wird das Nierstück oft als Lammfilet bezeichnet, was falsch ist. Die richtigen Lammfilets sind höchstens fingerdick.

- Der größte Teil des Fleisches wird aus Übersee importiert. Da die Verarbeitung sofort nach der Schlachtung erfolgt und das Fleisch tiefgekühlt wird, kommt die Lagerung zu kurz.

- Auch die Alterseinteilung der Tiere wird vor der Verarbeitung nicht so genau vorgenommen. Wichtig ist deshalb, dass alles Fett weggeschnitten wird, weil durch das Fett der Fleischgeschmack von älteren Tieren sehr intensiv sein kann.

- Kaufen Sie das Fleisch möglichst einige Tage vor der Zubereitung, damit Sie es zu Hause nachreifen lassen können (Seite 17). Der rechtzeitige Einkauf lohnt sich hier besonders.

- Kontrollieren Sie vor der ersten Benutzung des Backofens die Temperaturen auf Genauigkeit (Seite 20).

Zutaten

*2 Lammnierstücke
(Lende) à ca. 300 g*

1 Knoblauchzehe, fein gehackt

*2 EL säurehaltige Gewürzpaste
(Seite 18)*

1 EL Olivenöl

für die Peperonata

*1 Aubergine,
längs in Scheiben geschnitten*

Salz

3 EL Olivenöl

*1 Zwiebel (100 g), in feine
Streifen geschnitten*

2 Knoblauchzehen, fein gehackt

1 EL Herbes de Provence

1/2 Bouillonwürfel

1 Msp. Chilipulver

*1 gelbe Paprikaschote,
in Streifen geschnitten*

*1 Zucchini,
in Stäbchen geschnitten*

1 große Tomate

50 ml Rotwein

schwarzer Pfeffer, frisch gemahlen

Streuwürze

Zubereitung

1 | Die Lammnierstücke sofort mit kaltem Wasser abspülen, mit Küchenpapier abtrocknen und die Fett- und Sehnenreste wegschneiden.

2 | Den Knoblauch unter die Gewürzpaste mengen, die Nierstücke rundherum damit bestreichen, in eine Schale legen, mit Frischhaltefolie abdecken und möglichst für 1 bis 2 Tage zugedeckt bei etwa 12 bis 15 °C aufbewahren.

3 | Vor Beginn des Bratprozesses das Fleisch für mindestens 4 Stunden mit der Frischhaltefolie zugedeckt in die Küche stellen.

4 | Stellen Sie den Backofen auf Umluft 80 °C, entfernen Sie die Folie und schieben Sie die Schale auf einem Rost für 25 Minuten auf die mittlere Schiene des Backofens.

5 | Erhitzen Sie das Öl und braten Sie das Fleisch von beiden Seiten, bis es den gewünschten Garpunkt erreicht hat.

6 | Reduzieren Sie die Backofentemperatur auf 60 °C und geben Sie die angebratenen Nierstücke nochmals für 5 bis 15 Minuten in den Backofen zurück.

Tipp

Es ist einfacher, jedes Gemüse einzeln zu garen und dann alles miteinander zu mischen. Diese Peperonata kann im Voraus hergestellt werden, sie lässt sich auch prima tiefkühlen.

Zubereitung Peperonata

1 | Die Auberginenscheiben beidseitig tüchtig mit Salz einreiben, 10 Minuten ziehen lassen, dann gut kalt abspülen und mit Küchenpapier trocknen.

2 | 1 Esslöffel Olivenöl erhitzen, Zwiebel und Knoblauch darin andünsten. Herbes de Provence, Bouillonwürfel und Chilipulver dazugeben, alles gründlich verrühren und kurz aufkochen lassen.

3 | Die Paprikastreifen in wenig Wasser kurz blanchieren und zu der Zwiebel-Gewürzmischung geben.

4 | Die Zucchinistäbchen in 1 Esslöffel Öl rundherum anbraten und ebenfalls zu der Zwiebel-Gewürzmischung geben.

5 | Die Auberginenscheiben in größere Stücke schneiden, in 1 EL Olivenöl von allen Seiten gut anbraten und zu dem anderen Gemüse geben.

6 | Vor dem Servieren die Tomate in kleine Stücke schneiden und kurz in die Pfanne geben, in welcher das Fleisch angebraten wurde. Rotwein zugeben und mit Pfeffer und Streuwürze abschmecken und unter die Peperonata mischen.

Hähnchensteaks
mit Orangensauce und Tagliatelle

Zum Einstieg

• Wenn Sie Hähnchenbrust braten, ergibt das oft etwas Zweitklassiges. Das kleine, lose Minifilet fällt ab und lässt sich nicht ideal garen. Und die Hähnchenbrustfilets selbst sind nicht überall gleich dick. Bis der dicke Teil gar ist, ist der dünne Teil bereits trocken. Siehe Foto Seite 24.

• Ich kaufe frische Hähnchenbrustfilets während einer Aktion, packe sie zu Hause aus und löse zuerst das Minifilet ab. Ich serviere dieses extra, vielfach als Garnitur auf einem Salat.

• Die Hähnchenbrustfilets lege ich auf ein Schneidebrett und schneide den dicken Teil horizontal weg. Die dünne Spitze entferne ich ebenfalls. Aus den losen Abschnitten bereite ich ein Geschnetzeltes zu.

• Das Hähnchensteak ist nun überall gleich dick und lässt sich perfekt braten. Einzeln, flach und gut verpackt ist dies ein ideales Fleisch für den Tiefkühlvorrat, das sich auch für andere Rezepte bestens eignet.

• Da ich jeweils 8 bis 16 Hähnchenbrustfilets zusammen bearbeite, ergeben sich sinnvolle Portionen, welche sich gut verarbeiten lassen. Versuchen Sie, große Hähnchenbruststeaks zu kaufen, sie versprechen mehr Genuss.

• Kontrollieren Sie vor der ersten Benutzung des Backofens die Temperaturen auf Genauigkeit (Seite 20).

Zutaten

4 Hähnchenbruststeaks
à ca. 150 g, tiefgekühlt oder frisch

2 EL säurehaltige Gewürzpaste
(Seite 18)

1 EL Olivenöl

für die Orangensauce

100 ml trockener Weißwein

1/2 Bouillonwürfel (200 ml)

abgeriebene Schale von
1 unbehandelten Orange

3 EL Orangensaft

Streuwürze

3 Tropfen Tabasco

schwarzer Pfeffer, frisch gemahlen

3 EL Schnittlauch

200 g Sahne

für die Tagliatelle

Salz

360 g Tagliatelle

30 g Butter

Zubereitung

1 | Nehmen Sie das Hähnchenfleisch rechtzeitig aus dem Tiefkühlfach und tauen Sie es im Kühlschrank auf. Sorgen Sie dafür, dass der Geflügelsaft die Umgebung nicht kontaminiert.

2 | Die Hähnchenbrustfilets kalt abspülen, mit Küchenpapier abtrocknen, das Fleisch rundherum mit der Gewürzpaste bestreichen und in eine Schale legen. Für 1 Tag zugedeckt bei etwa 12 bis 15 °C aufbewahren.

3 | Lassen Sie das Fleisch vor Beginn des Bratprozesses mit Frischhaltefolie zugedeckt mindestens 4 Stunden in der Küche stehen.

4 | Stellen Sie den Backofen auf Umluft 80 °C und geben Sie die Schale ohne Frischhaltefolie für 25 Minuten auf dem Rost auf die mittlere Schiene des Backofens.

5 | Braten Sie das Fleisch beidseitig in dem Öl an, bis es den gewünschten Garpunkt erreicht hat.

6 | Reduzieren Sie die Backofentemperatur auf 60 °C und geben Sie die angebratenen Hähnchensteaks nochmals für 5 Minuten in den Backofen.

Zubereitung Sauce

1 | Den Weißwein aufkochen und auf ein Drittel reduzieren lassen.

2 | Bouillonwürfel, abgeriebene Orangenschale und -saft, Streuwürze, Tabasco und Pfeffer dazugeben.

3 | Schnittlauch und Sahne einrühren. Achtung, die Sauce darf jetzt nicht mehr kochen.

4 | Geben Sie auf jeden Teller einen Saucenspiegel mit der Orangensauce. Die Hähnchenbrustfilets quer zur Faser in 3 bis 4 Tranchen schneiden und dachziegelartig auf der Sauce anrichten. Die Tagliatelle getrennt dazu reichen.

Frische Kräuter sollten fast immer erst zuletzt über ein fertiges Gericht gegeben und nicht mitgekocht werden. Insbesondere Schnittlauch, Basilikum, Zitronenmelisse und Estragon entfalten ihren Geschmack so am besten.

Zubereitung Tagliatelle

1 | In einem großen Topf ausreichend Wasser zum Kochen bringen, Salz hinzugeben. Die Tagliatelle darin bissfest garen.

2 | In einer schweren Pfanne die Butter zerlassen und die Nudeln kurz darin schwenken.

Kalbskoteletts
mit Rosmarin-Zitronen-Sauce

Zum Einstieg

• Kontrollieren Sie vor der ersten Benutzung des Backofens die Temperaturen auf Genauigkeit (Seite 20).

• Kaufen Sie das Fleisch möglichst einige Tage vor der Zubereitung, damit Sie es zu Hause nachreifen lassen können (Seite 17).

• Rechnen Sie mit einer Garzeit von 5 bis 6 Stunden.

• Sagen Sie dem Fleischverkäufer, dass Sie gleichmäßig dick geschnittene Koteletts wünschen.

• Wählen Sie Koteletts, die einen Fettrand haben.

• Bei dieser sanften Garmethode ist es nicht nötig, dass Sie das Fleisch durchbraten, weil auch dann kein roter Saft mehr herausläuft, wenn es »saignant« gebraten ist.

Zutaten

4 Kalbskoteletts à ca. 250 g

2 EL säurehaltige Gewürzpaste (Seite 18)

Nadeln von 1 Zweig frischem Rosmarin

1 EL Olivenöl

für die Rosmarin-Zitronen-Sauce

1 EL Butter

1 Zwiebel, fein gehackt (60 g)

abgeriebene Schale von 1/2 Zitrone

Salz

100 ml trockener Weißwein

1/4 Bouillonwürfel

1 EL Rosmarinnadeln, fein gehackt

200 g Saucenrahm oder Sahne

Streuwürze

Zitronenpfeffer

Zubereitung

1 | Die Koteletts mit kaltem Wasser abspülen, mit Küchenpapier abtrocknen, Knochenreste entfernen, mit Gewürzpaste rundherum bestreichen und mit den zerkleinerten Rosmarinnadeln bestreuen. In eine Schale legen, zusammenschieben, abdecken und für 1 bis 2 Tage bei ca. 15 °C aufbewahren.

2 | Mindestens 4 Stunden vor Beginn des Bratprozesses das Fleisch mit Frischhaltefolie zugedeckt in die Küche stellen.

3 | 4 Stunden vor dem Essen stellen Sie die Schale mit dem Fleisch – mit der Frischhaltefolie zugedeckt – auf einen Rost und schieben sie auf die mittlere Schiene des Backofens bei 40 °C.

4 | 30 Minuten vor dem Essen das Öl erhitzen und die Koteletts von beiden Seiten anbraten, bis sie knapp den gewünschten Garpunkt erreicht haben.

5 | Die Backofentemperatur auf 60 °C erhöhen und die Kalbskoteletts für 20 Minuten in den Backofen stellen.

Zubereitung Sauce

1 | Die Butter erhitzen, die Zwiebel-
würfelchen, Zitronenschale und 1 Prise
Salz hinzufügen und weich dünsten.

2 | Den Weißwein, den Bouillonwürfel
und den Rosmarin dazugeben, alles gut
verrühren und die Sauce auf die Hälfte
einkochen lassen.

3 | Saucenrahm oder Sahne dazugeben
und nochmals kurz aufkochen lassen.
Mit Streuwürze und Zitronenpfeffer abschmecken und die Konsistenz prüfen.

4 | Etwas Sauce als Saucenspiegel auf
vorgewärmte Teller geben und die Koteletts darauflegen, sofort servieren.

Magere Bratenstücke –

zart garen

Welche Fleischstücke fallen darunter?

Schweinenierstück, Schinkenbraten ohne Schwarte, Schweineschulter, Kalbsrücken ohne Knochen, Kalbs-Stotzenbraten, Roastbeef, Rinderhüfte, Rinderfilet, Lammkeule ohne Knochen, nicht gerollt

Nicht dazu gehören:

Schweinenacken, Schweinebraten mit Schwarte, Kalbsbrust, Rollbraten, Hackbraten u. Ä.

Ziel:

Bei den größeren und mageren Bratenstücken geht es nur darum, das Eiweiß zu verkleben und ein Röstaroma zu schaffen. Je sanfter dies geschieht, desto mehr Genuss können wir erwarten.

Beachten Sie folgende Punkte:

• Kontrollieren Sie vor der ersten Benutzung des Backofens die Temperaturen auf Genauigkeit (Seite 20).

• Kaufen Sie das Fleisch möglichst einige Tage vor der Zubereitung, damit Sie es zu Hause nachreifen lassen können (Seite 17).

• Sofort nach dem Einkauf spülen Sie das Fleisch mit kaltem Wasser ab, trocknen es mit Küchenpapier, bestreichen das Fleisch mit einer säurehaltigen Gewürzpaste (Seite 18) und lagern es den räumlichen Möglichkeiten und der Zeit entsprechend so, dass es reifen kann.

• Das Fleisch zugedeckt mindestens 4 Stunden vor Beginn des Bratprozesses bei Küchentemperatur aufbewahren.

• Starten Sie den Garprozess nie direkt mit dem Anbraten.

• Legen Sie das Fleischstück auf einen Rost auf die mittlere Schiene des Backofens, ohne die Gewürzpaste zu entfernen.

• Nachdem die Temperaturkontrolle des Backofens erfolgt ist, stechen Sie den Kerntemperaturmesser in die Mitte des Fleischstückes.

• Stellen Sie den Backofen auf 80 °C und sorgen Sie dafür, dass 90 °C nie überschritten werden. Es gilt also, die in der Praxis fast immer feststellbare Temperaturdifferenz zu berücksichtigen.

• Lassen Sie jetzt das Fleisch sanft garen, bis es die gewünschte Kerntemperatur erreicht hat.

• Vermeiden Sie dabei jede Form von Dampfbildung – erkennbar daran, dass die Backofentür beschlägt oder Ihnen beim Öffnen der Backofentür Dampf entgegen kommt. Wenn Sie eine größere Fleischmenge im Backofen haben, sollten Sie die Backofentür einen Spalt offen lassen (Holzlöffel einklemmen), damit die Feuchtigkeit entweichen kann.

• Beachten Sie, dass die Ausgangstemperatur entscheidend für die Zeitdauer ist, bis die Kerntemperatur erreicht wird. Deshalb ist eine Zeitangabe nicht sinnvoll (Seite 21).

Fett und Bindegewebe schützen und geben Aroma.

• Wenn die Kerntemperatur erreicht ist, reduzieren Sie die Backofentemperatur auf 55 °C und lassen die Backofentüre offen, damit die Temperatur sinkt.

• Braten Sie jetzt das Fleisch in einer Bratpfanne – nicht im Backofen – von allen Seiten gut an.

• Danach legen Sie den Braten in den Backofen bei 55 °C zurück. Planen Sie großzügig, damit Sie dafür 1 bis 2 Stunden Zeit haben. Das Fleisch wird in dieser Phase noch zarter, trocknet aber nicht aus.

• Erhöhen Sie 15 Minuten vor dem Essen die Backofentemperatur auf 80 °C, damit das Fleisch schön warm ist.

• Geben Sie zuerst alle Beilagen auf heiße Teller, dann mit sehr heißer Sauce einen Spiegel angießen und das frisch aufgeschnittene Fleisch darauflegen. Profis decken derart feines und zartes Fleisch nicht mit einer Sauce zu!

• Schneiden Sie nur so viel Fleisch auf, wie für den ersten Hunger benötigt wird.

Tipps

• Die Kerntemperatur nach dem Anbraten muss nicht gemessen werden, sondern dient nur als Anhaltspunkt.

• Wenn Sie das Fleisch auf einem Grill anbraten, wird es besonder lecker.

• Die große Temperaturzunahme beim Anbraten der Filets* erklärt sich durch das kleine Volumen des Fleischstückes. Die Kerntemperatur steigt deswegen viel schneller an.

Vorschlag Kerntemperaturen

	Rind bleu Roastbeef Rinderfilet- Braten	Rind saignant	Schweinefilet* Kalbsfilet*	Kalbsbraten Schweine- braten Putenbraten
Bei 80 °C im Backofen bis	47 °C	49 °C	49 °C	55 °C
Anschließend in der Bratpfanne heiß anbraten bis	51 °C	54 °C	57 °C	59 °C
anschließend ruhen lassen bis	54 °C	57 °C	62 °C	62 °C

Schweinebraten
vom Nierstück mit Steinpilzsauce

Zum Einstieg

• Benutzen Sie einen Kerntemperaturmesser, damit der Braten richtig gelingt.

• Kontrollieren Sie vor der ersten Benutzung des Backofens die Temperaturen auf Genauigkeit (Seite 20).

• Kaufen Sie das Fleisch möglichst einige Tage vor der Zubereitung, damit Sie es zu Hause nachreifen lassen können (Seite 17).

• Rechnen Sie mit einer Garzeit von gut 4 Stunden.

• Das große Bratengewicht wurde bewusst gewählt. Reste, aufgeschnitten, können wie gekochter Schinken verzehrt werden.

• Die Vitamine bleiben erhalten, der Gewichtsverlust ist gering, der Backofen wird nicht schmutzig und das Fleisch sehr zart! Ihre Gäste werden von dem gabelzarten Braten begeistert sein.

Zutaten

ca. 900 g Schweinebraten vom Nierstück (Lachs, Lende)

2 EL säurehaltige Gewürzpaste (Seite 18)

2 EL Olivenöl

für die Steinpilzsauce

300 g Steinpilze, frisch oder tiefgekühlt

1 TL Mehl

1 EL Olivenöl

1/2 Knoblauchzehe, fein gehackt

60 g Zwiebeln, fein gehackt

50 ml Gin

300 ml Bratenfond

200 g Saucenrahm oder Sahne

schwarzer Pfeffer, frisch gemahlen

Streuwürze

1 EL Schnittlauchröllchen oder Thymian

Zubereitung

1 | Den Braten sofort mit kaltem Wasser abspülen, mit Küchenpapier abtrocknen, Knorpel entfernen und das Fleisch mit der säurehaltigen Gewürzpaste bestreichen. Zugedeckt möglichst für 1 bis 2 Tage bei etwa 12 bis 15 °C nachreifen lassen.

2 | Das Fleisch sollte vor Beginn des Bratprozesses zugedeckt mindestens 4 Stunden bei Küchentemperatur lagern.

3 | Gut 4 Stunden vor dem Essen den Braten ohne anzubraten auf einen Rost legen und diesen auf die mittlere Schiene des Backofens schieben, den Kerntemperaturmesser ins Fleisch stecken und bei 80 °C garen, bis die Kerntemperatur von 55 °C erreicht ist.

4 | Den Backofen öffnen und Temperatur auf 55 °C reduzieren.

5 | In einer großen Pfanne 2 Esslöffel Öl erhitzen und das Fleisch von allen Seiten anbraten. Dann wieder für etwa 2 Stunden zurück in den Backofen bei 55 °C geben.

Tipp

Einen fertig gegarten Braten oder die Reste eines Bratens können Sie, in Alufolie verpackt, sehr gut einfrieren. Vor einem geplanten Essen lassen Sie ihn im Kühlschrank auftauen und wärmen ihn, in der Alufolie, im Backofen bei 60 °C auf. Dann aufschneiden und servieren – so schmeckt er wie frisch zubereitet.

6 | Die Steinpilze in Scheiben schneiden. Einige schöne Scheiben heraussuchen und diese mit Mehl bestäuben. Das Olivenöl in der Bratpfanne erhitzen, die bemehlten Steinpilzscheiben kurz anbraten, herausnehmen und warm stellen.

7 | Knoblauch, Zwiebeln und die restlichen Steinpilze in die Pfanne geben und andünsten. Mit Gin ablöschen, Bratenfond unterrühren und bei schwacher Hitze auf die Hälfte einkochen lassen. Saucenrahm oder Sahne unterrühren, mit Pfeffer und Streuwürze abschmecken und die Konsistenz prüfen.

8 | 15 Minuten vor dem Essen die Backofentemperatur nochmals auf 80 °C erhöhen, damit das Fleisch schön warm auf Tellern serviert werden kann.

9 | Jeweils 3 bis 4 Esslöffel Sauce als Saucenspiegel auf vorgewärmte Teller geben, das in Scheiben geschnittene Fleisch darauflegen, die Steinpilzscheiben dazu anrichten und mit dem Schnittlauch bestreuen.

Schweinebraten
von der Hüfte provençale mit Kartoffeln

Zum Einstieg

• Benutzen Sie einen Kerntemperaturmesser, damit der Braten richtig gelingt.

• Kontrollieren Sie vor der ersten Benutzung des Backofens die Temperaturen auf Genauigkeit (Seite 20).

• Kaufen Sie das Fleisch möglichst einige Tage vor der Zubereitung, damit Sie es zu Hause nachreifen lassen können (Seite 17).

• Rechnen Sie mit einer gesamten Garzeit von ca. 4 Stunden.

• Die Vitamine bleiben erhalten, der Gewichtsverlust ist gering, das Fleisch wird sehr zart und der Backofen nicht schmutzig! Ihre Gäste werden von dem gabelzarten Braten begeistert sein.

Zutaten

ca. 800 g Schweinebraten von der Hüfte

2 EL säurehaltige Gewürzpaste (Seite 18)

1 EL Olivenöl

für die Sauce provençale

1 EL Olivenöl

1 Zwiebel, fein gehackt (60 g)

3 Knoblauchzehen, fein gehackt

6 schwarze Oliven, entsteint

2 EL Herbes de Provence

100 ml Rotwein

125 ml Wasser

schwarzer Pfeffer, frisch gemahlen

Streuwürze

1 EL Bratenfondpulver

100 g Saucenrahm oder Sahne

150 g Pimientos (Peperoni aus dem Glas), in Streifen geschnitten

für die Rosmarinkartoffeln

8 mittelgroße Kartoffeln

Olivenöl

Meersalz

1 EL Rosmarinnadeln

Zubereitung

1 | Den Braten sofort mit kaltem Wasser abspülen, mit Küchenpapier abtrocknen, Knorpel entfernen und das Fleisch mit der säurehaltigen Gewürzpaste bestreichen. Zugedeckt möglichst für 1 bis 2 Tage bei etwa 12 bis 15 °C nachreifen lassen.

2 | Das Fleisch vor Beginn des Bratprozesses mit Frischhaltefolie zugedeckt mindestens 4 Stunden bei Küchentemperatur lagern.

3 | Gut 4 Stunden vor dem Essen den Braten ohne anzubraten auf einen Rost legen und auf die mittlere Schiene des Backofens schieben. Den Kerntemperaturmesser ins Fleisch stechen und bei 80 °C garen, bis die Kerntemperatur von 55 °C erreicht ist.

4 | Den Backofen öffnen und Temperatur auf 55 °C reduzieren.

5 | 1 Esslöffel Öl in einer Bratpfanne erhitzen, das Fleisch von allen Seiten gut anbraten und wieder für etwa 2 Stunden in den Backofen bei 55 °C geben.

Tipp

Reste des zart gegarten Bratens können Sie kalt in feine Scheiben schneiden und wie gekochten Schinken verwerten.

Zubereitung Kartoffeln

6 | Das Olivenöl in der Bratpfanne heiß werden lassen, Zwiebel und Knoblauch sowie die Oliven andünsten, Kräuter, Rotwein und knapp ein Achtel Liter Wasser dazugeben und auf die Hälfte einkochen lassen.

7 | Die Sauce mit Pfeffer und Streuwürze würzen. Bratenfondpulver, Saucenrahm oder Sahne unterrühren und aufkochen lassen. Die Pimientos mit warmem Wasser gut abspülen und in die Sauce geben. Abschmecken und die Konsistenz prüfen.

8 | 15 Minuten vor dem Servieren die Backofentemperatur auf 80 °C erhöhen, damit das Fleisch schön warm serviert werden kann.

9 | Den Braten in Scheiben schneiden. Etwas Sauce als Spiegel auf die Teller verteilen, die Fleischscheiben darauflegen und servieren.

1 | Die Kartoffeln waschen, schälen und in ca. 1 cm große Würfel schneiden.

2 | In einer Pfanne das Olivenöl erhitzen. Die Kartoffelwürfel hineingeben, mit Meersalz und Rosmarinnadeln bestreuen. Bei mittlerer Hitze unter häufigem Wenden rundum goldbraun braten.

Kräuterwürziges Öl von hervorragender Qualität, das Sie leicht selbst herstellen können, gibt auch der Zart-garen-Küche ein Plus an Geschmack.

Kalbsbraten

mit Zitrone, Knoblauch und Meerrettich

Zum Einstieg

• Benutzen Sie einen Kerntemperaturmesser, damit der Braten richtig gelingt.

• Kontrollieren Sie immer vor der ersten Benutzung des Backofens die Temperatur auf die Genauigkeit (Seite 20).

• Kaufen Sie das Fleisch möglichst einige Tage vor der Zubereitung, damit Sie es zu Hause nachreifen lassen können (Seite 17).

• Rechnen Sie mit einer Garzeit von ca. 4 Stunden.

• Die hier gewählte Gewürzkombination kann auch bei anderen Fleischstücken verwendet werden. Sie bringt das Fleisch auf eine herrliche Art zur Geltung.

Zutaten

900 g Kalbsbraten von der Schulter oder von der Schwanzrolle (Runder Mocken)

2 EL Meerrettich, frisch gerieben

2 EL abgeriebene Zitronenschale (unbehandelt)

2 EL Knoblauch, fein gehackt

2 TL Zitronensaft

1 EL Streuwürze

schwarzer Pfeffer, frisch gemahlen

2 EL Olivenöl

50 ml Cognac

100 ml Bouillon

1 Msp. Zucker

200 g Saucenrahm oder Sahne

1 TL Zitronenpfeffer

Zubereitung

1 | Das Fleisch sofort mit kaltem Wasser abspülen und mit Küchenpapier trocknen.

2 | Meerrettich, Zitronenschale und Knoblauch zusammen ganz fein hacken, bis eine Paste entsteht.

3 | Zitronensaft, 1/2 Esslöffel Streuwürze und Pfeffer dazugeben und gut vermischen. Das Fleisch von allen Seiten mit dieser Paste gut einreiben. Dann in eine Schale legen, abdecken und möglichst für 1 bis 2 Tage bei etwa 12 bis 15 °C aufbewahren.

4 | Das Fleisch vor Beginn des Bratprozesses mit Frischhaltefolie zugedeckt mindestens 4 Stunden bei Küchentemperatur lagern.

5 | Gut 4 Stunden vor dem Essen die Paste von dem Braten leicht abschütteln, Paste aufbewahren.

6 | Den Braten ohne anzubraten auf einen Rost legen und auf die mittlere Schiene des Backofens schieben, den Kerntemperaturmesser ins Fleisch stechen und bei Umluft 80 °C garen, bis die Kerntemperatur von 55 °C erreicht ist.

7 | Den Backofen öffnen und die Temperatur auf 55 °C reduzieren.

8 | 1 Esslöffel Öl in einer Bratpfanne erhitzen und das Fleisch von allen Seiten gut anbraten, dann wieder für etwa 2 Stunden bei 55 °C in den Backofen geben.

9 | Das restliche Olivenöl in einen Saucentopf geben und den Gewürzpastenrest darin leicht andünsten, mit Cognac ablöschen, Bouillon und Zucker dazugeben und auf die Hälfte einkochen lassen.

10 | Den Saucenrahm oder die Sahne unterrühren, kurz aufkochen lassen und mit Zitronenpfeffer und Streuwürze abschmecken.

11 | 15 Minuten vor dem Hauptgang die Backofentemperatur wieder auf 80 °C erhöhen, damit das Fleisch schön warm serviert werden kann.

12 | Den Braten in Scheiben schneiden. Etwas Sauce als Spiegel auf vorgewärmte Teller verteilen, die Fleischscheiben darauflegen und servieren.

Schweinebraten
vom Filet mit Schinken-Gin-Sauce

Zum Einstieg

• Das Schweinefilet ist zwar der zarteste und teuerste Muskel des Schweins, der anatomisch unterschiedlichen Partien wegen im ganzen Zustand aber gar nicht so einfach zuzubereiten.

• Das Filetfleisch ist unterschiedlich dick: Der Filetkopf ist dicker und die Filetspitze viel dünner. Zudem schützt den zarten Muskel beim Anbraten weder Fett noch Bindegewebe – deshalb braucht dieses zarte Produkt Schutz und zusätzliches Aroma.

• Weil das Schweinefilet ein Muskel mit einem kleineren Durchmesser ist, muss bei diesem Rezept eine tiefere Kerntemperatur angestrebt werden, da beim Anbraten des Fleischstückes eine schnelle Temperaturzunahme erfolgt.

• Benutzen Sie einen Kerntemperaturmesser, damit der Braten richtig gelingt.

• Kontrollieren Sie vor der ersten Benutzung des Backofens die Temperaturen auf Genauigkeit (Seite 20).

Zutaten

8 dünnere, große Scheiben Landrauchschinken/Schwarzwälderschinken

1 großes Schweinefilet à ca. 600 g (oder 2 kleine)

2 EL säurehaltige Gewürzpaste (Seite 18)

1/2 EL abgeriebene Zitronenschale (unbehandelt)

3 EL Schnittlauchröllchen

3 EL Herbes de Provence

2 EL Olivenöl

für die Schinken-Gin-Sauce

1 Scheibe Landrauchschinken, fein geschnitten

1/2 EL abgeriebene Zitronenschale (unbehandelt)

50 ml Gin

200 g Saucenrahm oder Sahne

schwarzer Pfeffer, frisch gemahlen

Streuwürze

Zubereitung

1 | Ein Backblech mit Backpapier auslegen. 8 Schinkenscheiben sich überlappend darauf auslegen.

2 | Das Schweinefilet mit kaltem Wasser spülen, mit Küchenpapier trocknen, mit der säurehaltigen Gewürzpaste rundherum bestreichen und in die Mitte der Schinkenscheiben legen.

3 | Das Fleisch auf der Seite der Filetspitze zur Hälfte einschneiden und so umklappen, dass das Filet überall gleich dick ist und später schöne Scheiben geschnitten werden können.

4 | 1/2 Esslöffel Zitronenschale, die Schnittlauchröllchen und 2 Esslöffel Herbes de Provence über das Filet streuen. Die Schinkenscheiben so um das Fleisch legen, dass es komplett damit umgeben ist, dann mit der »Verschlussstelle« nach unten auf das Backblech legen. 2 bis 3 Stunden zugedeckt in der Küche stehen lassen.

5 | Das Schweinefilet ohne anzubraten auf die mittlere Schiene des Backofens stellen, den Kerntemperaturmesser ins Fleisch stechen und das Fleisch bei 75 °C bis zu einer Kerntemperatur von 48 °C garen.

Tipp

Verwenden Sie getrocknete Schnittlauchröllchen. Sie nehmen einen Teil des austretenden Saftes auf.

6 | Das Fleisch herausnehmen, Backofentür öffnen und die Temperatur auf 55 °C reduzieren.

7 | Das Öl in einer Bratpfanne erhitzen, das Schweinefilet mit dem Schinkenmantel darin rundherum kurz anbraten. Der Schinken sollte nur wenig Farbe annehmen.

8 | Das Fleisch zurück auf das Backblech legen und im Backofen bei 55 °C etwa 1 Stunde ruhen lassen.

9 | Für die Sauce den fein geschnittenen Schinken in einem Topf andünsten und herausnehmen. Zitronenschale in den Topf geben, mit Gin ablöschen und bei schwacher Hitze auf die Hälfte einkochen lassen. Die restlichen Herbes de Provence und Saucenrahm oder Sahne dazugeben, kurz aufkochen lassen, mit Pfeffer und Streuwürze abschmecken.

10 | Die Backofentemperatur 15 Minuten vor dem Essen nochmals auf 80 °C erhöhen. Das Filet mit dem Schinkenmantel aufschneiden. Etwas Sauce als Spiegel auf vorgewärmte Teller gießen, die Fleischscheiben darauf anrichten und mit den Schinkenstreifchen bestreuen.

Roastbeef
mit leichter Quarksauce

Zum Einstieg

• Benutzen Sie einen Kerntemperaturmesser, damit der Braten richtig gelingt.

• Kontrollieren Sie immer vor der ersten Benutzung des Backofens die Temperatur auf die Genauigkeit (Seite 20).

• Kaufen Sie das Fleisch möglichst einige Tage vor der Zubereitung, damit Sie es zu Hause nachreifen lassen können (Seite 17).

• Bitten Sie den Metzger, das Fett am Fleisch zu belassen, es ist der beste Schutz für das Fleisch und gleichzeitig Genussträger.

• Rechnen Sie mit einer gesamten Garzeit von ca. 4 Stunden.

• Das große Bratengewicht wurde bewusst gewählt. Reste des zart gegarten Bratens können Sie kalt aufschneiden.

• Auf die gleiche Weise können Sie auch Rinderhüfte zubereiten.

Zutaten

900 g Roastbeef (Beiried)

2 EL säurehaltige Gewürzpaste (Seite 18)

1 EL Olivenöl

für die Sauce

250 g Magerquark

150 g Sauerrahm

1 TL Zitronensaft

4 EL Schnittlauchröllchen

1 Knoblauchzehe, fein gehackt (nach Wunsch)

Zitronenpfeffer

Streuwürze

Zubereitung

1 | Sofort nach dem Einkauf das Fleisch mit kaltem Wasser abspülen und mit Küchenpapier trocknen. Mit der Gewürzpaste rundherum einreiben und in einer Schale abgedeckt für 3 bis 4 Tage an einen kühlen Ort bei 12 bis 15 °C stellen und täglich prüfen. Sollte der Geruch zu intensiv werden, stellen Sie es in den Kühlschrank.

2 | Mindestens 4 Stunden vor Beginn des Bratprozesses stellen Sie das Fleisch mit einer Frischhaltefolie abgedeckt in die Küche.

3 | Legen Sie das Fleisch 4 Stunden vor dem Essen, ohne es anzubraten, auf einen Rost, schieben es auf die mittlere Schiene des Backofens und stechen den Kerntemperaturmesser ins Fleisch. Garen Sie das Fleisch bei Umluft 75 °C bis zu einer Kerntemperatur von 48 °C.

4 | Dann das Fleisch herausnehmen, die Backofentür öffnen und die Temperatur auf 55 °C reduzieren.

5 | Das Öl erhitzen und das Fleisch von allen Seiten gut anbraten. Dann wieder auf das Backblech legen und für ca. 2 Stunden zurück in den Backofen bei 55 °C geben.

Tipp

Wenn das Roastbeef zu stark durchgebraten ist, macht es keine Freude mehr, wenn es zu wenig gebraten ist, mögen es viele nicht. Für diejenigen, die das Fleisch lieber durchgebraten essen, geben Sie die Fleischscheiben für 1 Sekunde in eine gut warme Pfanne mit wenig geschmolzener Butter und wenden sie einmal, so bleiben sie saftig, sehen aber nicht mehr »roh« aus.

6 | Für die Sauce den Quark mit dem Sauerrahm in einer Schüssel vermengen, Zitronensaft, Schnittlauch und Knoblauch unterrühren. Mit Zitronenpfeffer und Streuwürze abschmecken.

7 | Die Backofentemperatur 15 Minuten vor dem Essen auf 80 °C erhöhen und das Fleisch zurück in den Ofen geben.

8 | Das Roastbeef in feine Scheiben schneiden und auf gut vorgewärmte Teller geben. Mit der Quarksauce servieren.

Lammkeule

mit Knoblauch und Olivenöl

Zum Einstieg

• Benutzen Sie einen Kerntemperaturmesser, damit der Braten richtig gelingt.

• Kontrollieren Sie vor der ersten Benutzung des Backofens die Temperaturen auf Genauigkeit (Seite 20).

• Lammfleisch begeistert Feinschmecker und hat viele Vorteile: Die Tiere erhalten kein Kraftfutter, benötigen keinen Stall und dienen der Landschaftspflege.

• Braten Sie die Lammkeule weder mit Knochen noch ganz am Stück.

• Lassen Sie die Lammkeule von Ihrem Fleischverkäufer ausbeinen, gut entfetten und in zwei Teile (Oberschale/Nuss zusammen und Rest zusammen) zerlegen. Die Oberfläche wird so viel größer und das sich noch am Fleisch befindliche Fett kann ideal ausgebraten werden.

• Kaufen Sie Ihre Lammkeule unbedingt 4 Tage vor der Zubereitung, damit Sie das Fleisch zu Hause reifen lassen können (Seite 17).

• Wenn Sie eine tiefgekühlte Keule verwenden, so sollten Sie diese mindestens eine Woche vorher aus dem Tiefkühler nehmen.

Zutaten (8 Portionen)

1 Lammkeule ohne Knochen, in zwei Teile zerlegt (oder 1 Lammkeule, ohne Knochen, von ca. 2,5 kg)

5 EL säurehaltige Gewürzpaste (Seite 18)

2 Knoblauchzehen, fein gehackt

2 EL Olivenöl

Zubereitung

1 | Das Fleisch sofort mit kaltem Wasser abspülen, mit Küchenpapier abtrocknen, Fett gut entfernen.

2 | Die Gewürzpaste gut mit dem Knoblauch vermengen und das Fleisch rundherum damit bestreichen. Dann abdecken und möglichst für 1 bis 2 Tage bei etwa 12 bis 15 °C aufbewahren.

3 | Das Fleisch sollte vor Beginn des Bratprozesses mindestens 4 Stunden zugedeckt bei Küchentemperatur lagern.

4 | Gut 4 Stunden vor dem Essen das Fleisch ohne anzubraten auf den Rost legen und auf die mittlere Schiene des Backofens schieben. Den Kerntemperaturmesser ins Fleisch stechen und das Fleisch bei 80 °C garen, bis die Kerntemperatur von 55 °C erreicht ist. Eine feuerfeste Schale unter das Fleisch stellen, damit der Backofen sauber bleibt und der Saft aufgefangen wird.

Tipp

Starten Sie den Garprozess des dünneren Fleischstückes 20 Minuten später, damit beide Stücke gleichzeitig gar sind. Servieren Sie zunächst das dünnere Fleischstück. Das dickere Fleischstück unterteilen Sie vor dem Aufschneiden, Sie können so perfekt gegen die Fasern aufschneiden.

5 | Das Fleisch herausnehmen, den Backofen öffnen und die Temperatur auf 55 °C reduzieren.

6 | Das Olivenöl erhitzen und das Fleisch von allen Seiten gut anbraten. Dann zurück auf den Rost legen und für 2 Stunden zurück in den Backofen bei 55 °C geben.

7 | Stellen Sie den Backofen 15 Minuten vor dem Essen nochmals auf 80 °C, damit das Fleisch schön heiß ist. Dann in dünne Scheiben schneiden und auf vorgewärmten Tellern servieren.

8 | Reichen Sie dazu eine Sauce provençale (Seite 48).

Wildbraten
vom Hirsch mit feiner Sauce

Zum Einstieg

• Bei Wild findet im Gegensatz zu Rind und Kalb keine Alterseinstufung statt. Das Fleisch von einem Hirschkalb ist um einiges zarter als das einer älteren Hirschkuh.

• Reh und Hirsch sind sehr fettarm. Der Garprozess geht schneller vonstatten als beim übrigen Fleisch. Der Garpunkt bzw. die richtige Kerntemperatur muss besonders gut getroffen werden, weil sonst das Fleisch schnell sehr trocken wird.

• Reh- und Hirschfleisch vom Hinterteil sollte immer ohne Knochen zubereitet werden, weil der Temperaturverlust, wenn es vor dem Aufschneiden noch ausgebeint werden muss, zu groß ist.

• Diese beiden gängigsten Wildsorten sollten wie magerer Braten zubereitet werden. Das Anbraten sollte am Schluss und sehr sanft gemacht werden. Ein ganz kurzer Schwenk in der Bratbutter genügt.

• Die Muskeln von Reh- und Hirschfleisch sind eher klein und der Reifeprozess weiter fortgeschritten als z. B. bei Schweinefleisch. Deshalb sollten die einzelnen Stationen des Garprozesses kürzer sein als bei einem Schweinebraten.

• Sie brauchen für die Zubereitung einen Kerntemperaturmesser. Nur so kann ein Braten richtig gelingen.

• Kontrollieren Sie vor der ersten Benutzung des Backofens die Temperaturen auf Genauigkeit (Seite 20).

Zutaten

900 g Hirschbraten (Keule oder Rücken ohne Knochen)

2 EL säurehaltige Gewürzpaste (Seite 18)

1 EL Bratbutter

für die Sauce

50 ml Gin oder Cognac

100 ml Bouillon

1 TL Bratensaftkonzentrat

200 g Sahne

1 Msp. Thymianpulver

Streuwürze

schwarzer Pfeffer

Speisestärke oder Milch

2 Äpfel

1 EL Bratbutter

Zubereitung

1 | Hirschbraten mit kaltem Wasser abspülen und mit Küchenpapier trocknen. Mit einer säurehaltigen Gewürzpaste (Seite 18) überall einstreichen. Lassen Sie das Fleisch eine Nacht zugedeckt im Kühlschrank.

2 | Das Fleisch sollte vor Beginn des Bratprozesses zugedeckt mindestens 4 Stunden bei Küchentemperatur lagern.

3 | Gut 3 Stunden vor dem Essen den Braten ohne anzubraten auf den Backofenrost legen, Kerntemperaturmesser ins Fleisch stechen und bei 80 °C garen, bis die Kerntemperatur von 49 °C erreicht ist.

4 | Backofen öffnen und die Temperatur bei offener Türe auf 55 °C Backofentemperatur reduzieren.

5 | Fleisch jetzt in der Bratpfanne in wenig Bratbutter leicht anbraten und bei einer Backofentemperatur von 55 °C für 3/4 bis 1 1/2 Stunden wieder in den Backofen geben.

Zubereitung Sauce

1 | Gin oder Cognac und Bouillon in einen Topf geben und bei schwacher Hitze auf die Hälfte einkochen lassen.

2 | Bratensaftkonzentrat, Sahne und Thymian dazugeben. Mit Streuwürze und schwarzem Pfeffer abschmecken. Mit Speisestärke oder etwas Milch die gewünschte Konsistenz herstellen.

3 | Kerngehäuse der Äpfel entfernen, kleine Schnitze schneiden und diese kurz in wenig Bratbutter weich dünsten.

4 | Jeweils 3 bis 4 Esslöffel Sauce als Spiegel auf vorgewärmte Teller verteilen, die Apfelschnitze darauf anrichten. Den Braten aufschneiden, die Scheiben auf die Teller geben und sofort servieren.

Putenbraten
im Schinkenmantel mit Estragonsauce

Zum Einstieg

• Dieses preisgünstige Fleisch schätzen Gäste, die auf Kalorien achten und zartes Fleisch mögen.

• Benutzen Sie einen Kerntemperaturmesser, damit der richtige Garpunkt erreicht und das Fleisch nicht trocken wird.

• Kontrollieren Sie vor der ersten Benutzung des Backofens die Temperaturen auf Genauigkeit (Seite 20).

• Das längliche Putenfilet eignet sich besonders gut für dieses Rezept.

Zutaten

800 g Putenbraten (Trutenbraten)

2 EL säurehaltige Gewürzpaste (Seite 18)

1 EL abgeriebene Zitronenschale (unbehandelt)

1/2 TL Zitronensaft

1 EL Meerrettich, frisch gerieben

2 Knoblauchzehen, fein gehackt

9 Scheiben Landrauchschinken

1 EL Olivenöl

für die Estragonauce

1 Scheibe Landrauchschinken, fein geschnitten

1 EL Olivenöl

1 kleine Zwiebel, fein gehackt

1 Knoblauchzehe, fein gehackt

250 g Champignons, in Scheiben geschnitten

50 ml Gin

1/2 Bouillonwürfel

Estragon, getrocknet

Zitronenpfeffer

Streuwürze

200 g Saucenrahm oder Sahne

Zubereitung

1 | Sofort nach dem Einkauf das Fleisch mit kaltem Wasser abspülen und mit Küchenpapier trocknen. Knorpel entfernen.

2 | Die Gewürzpaste mit Zitronenschale und -saft, Meerrettich und Knoblauch vermengen, das Fleisch rundherum damit einreiben und abgedeckt für 1 bis 2 Tage zugedeckt an einen kühlen Ort bei 12 bis 15 °C stellen.

3 | Das Fleisch sollte vor Beginn des Bratprozesses mindestens 4 Stunden zugedeckt bei Küchentemperatur aufbewahrt werden.

4 | Die Schinkenscheiben so auslegen, dass sie sich überlappen. Den Putenbraten darauf legen und die Schinkenscheiben über das Fleisch legen. Mit Küchenfaden binden, damit der Landrauchschinken am Fleisch bleibt.

5 | Gut 4 Stunden vor dem Essen das Fleisch ohne anzubraten auf einem Blech auf die mittlere Schiene des Backofens schieben, den Kerntemperaturmesser ins Fleisch stechen und das Fleisch bei Umluft 80 °C garen, bis die Kerntemperatur von 48 °C erreicht ist.

Zubereitung Sauce

6 | Das Fleisch herausnehmen. Den Backofen öffnen und die Temperatur auf 55 °C reduzieren.

7 | 1 Esslöffel Öl erhitzen und das Fleisch von allen Seiten anbraten, der Landrauchschinken sollte nicht zu viel Farbe annehmen. Dann wieder auf das Blech legen und für 2 Stunden zurück in den Backofen bei 55 °C geben.

8 | 15 Minuten vor dem Servieren die Backofentemperatur auf 80 °C erhöhen.

9 | Das Fleisch herausnehmen, Küchenfaden entfernen und den Putenbraten mit dem Schinkenmantel zusammen aufschneiden.

10 | Etwas Sauce als Spiegel auf vorgewärmte Teller verteilen, die Fleischscheiben darauf legen. Den für die Sauce angedünsteten, fein geschnittenen Landrauchschinken darüber verteilen und sofort servieren.

1 | Für die Sauce den geschnittenen Schinken in einem Topf kurz andünsten und herausnehmen.

2 | Das restliche Öl erhitzen, Zwiebel und Knoblauch andünsten, Champignons dazugeben und mit Gin ablöschen.

3 | 50 Milliliter Wasser und den Bouillonwürfel hinzufügen und die Flüssigkeit auf die Hälfte einkochen lassen.

4 | Mit Estragon, Zitronenpfeffer und Streuwürze abschmecken, Saucenrahm oder Sahne unterrühren und kurz aufkochen lassen.

Chateaubriand

mit Sauce Béarnaise

Zum Einstieg

• Benutzen Sie einen Kerntemperaturmesser, damit der richtige Garpunkt erreicht und das Fleisch nicht trocken wird.

• Kontrollieren Sie vor der ersten Benutzung des Backofens die Temperaturen auf Genauigkeit (Seite 20).

• Kaufen Sie das Fleisch möglichst einige Tage vor der Zubereitung, damit Sie es zu Hause nachreifen lassen können (Seite 17).

• Rechnen Sie mit einer gesamten Zubereitungszeit von ca. 4 Stunden.

• Ich verwende für diese Sauce eine »Fertighilfe«, weil die Herstellung einer Originalsauce doch recht aufwendig und das Resultat nicht immer besser ist.

Zutaten

ca. 900 g Rinderfilet aus dem Mittelstück

2 EL säurehaltige Gewürzpaste (Seite 18)

1 EL Butterschmalz

1 Beutel Sauce Béarnaise

100 g Sahne

Zubereitung

1 | Das Fleisch sofort mit kaltem Wasser abspülen, mit Küchenpapier abtrocknen und rundherum mit der Gewürzpaste bestreichen. Dann in eine Schale legen, abdecken und möglichst für 1 bis 2 Tage bei etwa 12 bis 15 °C aufbewahren.

2 | Das Fleisch sollte vor Beginn des Bratprozesses mindestens 4 Stunden zugedeckt bei Küchentemperatur lagern.

3 | 4 Stunden vor dem Essen das Fleisch ohne anzubraten auf den Rost legen und auf die mittlere Schiene des Backofens schieben. Den Kerntemperaturmesser ins Fleisch stechen und das Fleisch bei 75 °C bis zu einer Kerntemperatur von 47 °C garen. Eine feuerfeste Schale unter den Rost auf den Backofenboden stellen, damit dieser sauber bleibt.

4 | Den Backofen öffnen und die Temperatur auf 55 °C reduzieren.

5 | Das Butterschmalz erhitzen und das Fleisch darin von allen Seiten schwach anbraten. Dann für ca. 2 Stunden wieder zurück in den Backofen bei 55 °C geben.

6 | Die Sauce Béarnaise nach Packungsanweisung zubereiten. Statt der empfohlenen Zugabe von Butter verwende ich Sahne.

7 | 15 Minuten vor dem Essen die Backofentemperatur auf 75 °C erhöhen, damit das Fleisch heiß serviert werden kann.

8 | Etwas Sauce Béarnaise als Spiegel auf gut vorgewärmte Teller geben, das Fleisch aufschneiden und darauf verteilen.

Rinderhüftbraten
mit Rotweinsauce und Polenta

- Benutzen Sie einen Kerntemperaturmesser, damit der Braten richtig gelingt.

- Kontrollieren Sie vor der ersten Benutzung des Backofens die Temperaturen auf Genauigkeit (Seite 20).

- Kaufen Sie das Fleisch möglichst einige Tage vor der Zubereitung, damit Sie es zu Hause nachreifen lassen können (Seite 17).

- Rechnen Sie mit einer gesamten Zubereitungszeit von ca. 4 Stunden.

- Kaufen Sie Fleisch vom Huftfilet. Sie erhalten so ein längliches Fleischstück, welches perfekt gegen die Faser aufgeschnitten werden kann.

Zutaten

ca. 900 g Rinderhüfte (Huftfilet)

1 EL säurehaltige Gewürzpaste (Seite 18)

1 EL Butterschmalz

für die Rotweinsauce

3 EL Olivenöl

250 g Zwiebeln, in dünne Scheiben geschnitten

Salz

600 ml Rotwein

3 EL Zucker

Konzentrat für 100 ml Bratensaft

3 EL Aceto Balsamico

schwarzer Pfeffer, frisch gemahlen

2 Markknochen

für die Polenta

1/2 l Wasser

1/2 l Milch

Salz

250 g Polentagrieß, vorgegart

50 g Butter

Zubereitung

1 | Sofort nach dem Einkauf das Fleisch mit kaltem Wasser abspülen und mit Küchenpapier trocknen. Mit der Gewürzpaste rundherum einreiben und abgedeckt für 1 bis 2 Tage an einen kühlen Ort bei 12 bis 15 °C stellen.

2 | Das Fleisch sollte vor Beginn des Bratprozesses mindestens 4 Stunden zugedeckt bei Küchentemperatur lagern.

3 | Gut 4 Stunden vor dem Essen das Fleisch ohne anzubraten auf dem Rost auf die mittlere Schiene des Backofens schieben. Den Kerntemperaturmesser ins Fleisch stechen und das Fleisch bei Umluft 75 °C garen, bis die Kerntemperatur von 47 °C erreicht ist. Eine feuerfeste Schale unter den Rost auf den Backofenboden stellen, damit dieser sauber bleibt.

4 | Den Backofen öffnen und die Temperatur auf 55 °C reduzieren.

5 | Das Butterschmalz erhitzen und Fleisch von allen Seiten schwach anbraten. Dann für etwa 2 Stunden wieder zurück in den Backofen bei 55 °C geben.

Zubereitung Polenta

6 | Für die Sauce das Olivenöl erhitzen, die Zwiebeln mit einer Messerspitze Salz weich dünsten. Rotwein dazugeben und auf 100 Milliliter einkochen lassen.

7 | In einer anderen Bratpfanne den Zucker mit wenig Wasser karamellisieren lassen, den reduzierten Wein dazugeben. Bratensaftkonzentrat und Essig hinzufügen und dickflüssig einkochen lassen.

8 | Das Mark in Scheiben schneiden und 1/2 Stunde in kaltem Wasser wässern. Anschließend die Scheiben in wenig kochendes Wasser geben und nur so lange garen, bis das Mark die Farbe wechselt.

9 | 15 Minuten vor dem Essen die Backofentemperatur auf 75 °C erhöhen, damit das Fleisch heiß serviert werden kann.

10 | Etwas Sauce als Spiegel auf vorgewärmte Teller verteilen. Das Fleisch in Scheiben schneiden und darauf anrichten. Mit den Markscheiben garnieren.

1 | Das Wasser mit der Milch zum Kochen bringen, Salz zugeben und den Polentagrieß unter ständigem Rühren einrieseln lassen. Einmal aufkochen lassen und dann die Temperatur reduzieren.

2 | Unter stetigem Rühren die Polenta ca. 3 bis 5 Minuten kochen lassen. Den Topf vom Herd nehmen und die Butter unterrühren.

3 | Die Polenta in Nocken auf die Teller setzen, das Fleisch dazu anrichten.

Braten mit Fett durchzogen

zart garen

Was gehört dazu?
Kalbsbrust, Schweinenacken u. Ä.

Nicht dazu gehören:
Alle anderen Fleischstücke, die kein Fett im Inneren haben

Ziel:
Das Fett, welches für das Aroma eines Fleischstückes verantwortlich ist, so zu garen, dass sich reiner Genuss ergibt.

Das ist der Grund:
Nur wenn das Fett ausgebraten wird, machen diese Gerichte Freude. Bis 120 °C siedet Fett und wird stabil und unbeliebt. Wenn es bei knapp höheren Temperaturen gegart wird, läuft es aus und erzeugt Freude.

Das Fett besteht aus ca. 82 % Öl, ca. 12 % Wasser und 3 bis 6 % Bindegewebe. Das Wasser verdunstet beim Bratprozess, das Öl läuft aus und kann für die Zubereitung von Gemüse sehr gut verwendet werden. Das verbleibende Bindegewebe ergibt die Grieben, welche von Kennern sehr geschätzt werden. In lauwarmem Zustand über einen Salat gestreut, sind sie sehr beliebt. Und das Fleisch gehört unbestritten zum Besten, was Sie kulinarisch genießen können.

Frische Kräuter und Knoblauch sollten Sie immer vorrätig haben, da sie in vielen Gerichten verwendet werden.

Nur wenn das Fett im Inneren des Fleischstückes ausläuft, können Sie wirklichen Genuss erleben.

Beachten Sie folgende Punkte:

• Der optimale Fleischmuskel für dieses Gericht
ist die Kalbsbrust. Bestellen Sie diese eine Woche
im Voraus. Wichtig ist, dass nur die Knochen und
Knorpel entfernt werden, das ganze Fett aber
am Fleisch bleibt. Natürlich sollten Sie das Fleisch
zu einem (wesentlich) günstigeren Preis erhalten! Das Fleischstück sollte nicht größer als Ihre
Backofenfläche sein und darf auf keinen Fall gerollt werden. Fragen Sie nach dem vorderen, dicken Teil der Kalbsbrust.

• Das Fleisch nach dem Einkauf sofort mit
kaltem Wasser abspülen, mit Küchenpapier ab-
trocknen, Knorpel entfernen und das Fleisch mit
einer säurehaltigen Gewürzpaste (Seite 18) bestreichen. Zugedeckt möglichst für 1 bis 2 Tage
bei etwa 12 bis 15 °C nachreifen lassen.

• Benutzen Sie einen Kerntemperaturmesser,
damit der Braten gelingt.

• Kontrollieren Sie vor der ersten Benutzung des
Backofens die Temperaturen auf Genauigkeit
(Seite 20).

• Stellen Sie den Backofen auf Umluft 120 °C
und legen Sie das Fleisch auf das Gitter in der
Mitte des Backofens. Stellen Sie mit einer Schale
darunter sicher, dass das auslaufende Fett auf-
gefangen wird.

• Zum Aufschneiden eines Bratens verwende ich
ein Brotmesser. Für dieses Gericht rechne ich die
dreifache Fleischmenge, weil es so unglaublich
gut ist! Eventuelle Reste schmecken kalt ausgezeichnet.

Kalbsbrust
nach Urgroßmutterart mit Kürbisrisotto

Zum Einstieg

• Ein ultimatives Gericht für Kenner. Bestellen Sie die Kalbsbrust »wie gewachsen« mit Brustspitz eine Woche im Voraus. Wichtig ist, dass nur die Knochen und Knorpel entfernt werden, das ganze Fett aber am Fleisch bleibt.

• Kontrollieren Sie vor der ersten Benutzung des Backofens die Temperaturen auf Genauigkeit (Seite 20).

• Für dieses Gericht rechne ich mit einer dreifachen Fleischmenge, weil der Gewichtsverlust durch das auslaufende Fett groß ist und dieses Fleisch, kalt und aufgeschnitten, ein Gedicht ist!

• Rechnen Sie mit einer Garzeit von etwa 4 Stunden.

• Dieses Gericht ist für eine größere Tafelrunde von ca. 8 Personen berechnet.

Zutaten (8 Portionen)

3,5 bis 4 kg Kalbsbrust ohne Knochen, mit Fett

2 EL säurehaltige Gewürzpaste (Seite 18)

1 EL Rosmarinnadeln

für die Sauce

100 ml Rotwein

100 ml Wasser

schwarzer Pfeffer, frisch gemahlen

Salz

150 g Sahne

1 TL Speisestärke

für den Risotto

120 g Butter

2 Zwiebeln, fein gehackt (120 g)

700 g Risottoreis

600 ml Milch

800 ml heiße Bouillon

600 g Kürbispüree

2 Msp. Zucker

Salz

schwarzer Pfeffer, frisch gemahlen

Muskatnuss, frisch gerieben

100 g Parmesan, frisch gerieben

Zubereitung

1 | Das Fleisch sofort mit kaltem Wasser abspülen, mit Küchenpapier abtrocknen, Knorpelrückstände entfernen, das Fleisch rundherum mit der säurehaltigen Gewürzpaste bestreichen und mit den Rosmarinnadeln bestreuen. Auf eine Schale legen, abdecken und möglichst für 1 bis 2 Tage bei etwa 12 bis 15 °C aufbewahren.

2 | Stellen Sie das Fleisch mindestens 4 Stunden vor Garbeginn in die Küche.

3 | Den Backofen auf Umluft 120 °C einstellen. Das Fleisch, ohne es anzubraten, auf einem Rost auf die mittlere Schiene des Backofens schieben. Stellen Sie mit einem Blech darunter sicher, dass das auslaufende Fett aufgefangen wird. Prüfen Sie zwischendurch, dass das Fleisch eine gleichmäßige und »sanfte« Hitze von mindestens 120 °C erhält, und drehen Sie notfalls den Rost.

4 | Überprüfen Sie nach 3 Stunden die Farbe des Bratens: Er sollte schön braun geworden sein. Notfalls erhöhen Sie die Backofentemperatur entsprechend.

Zubereitung Risotto

5 | Stechen Sie mit einer Gabel in die fettreichen Stellen, damit das Fett ablaufen kann, die Gabel sollte sich locker in das Fleisch stechen lassen.

6 | Nach etwa 3 1/2 bis 4 Stunden ist der Braten fertig.

7 | Kurz vor Ende der Bratzeit fest an den Bratrost klopfen, damit das Fett auf das Blech läuft. Ein neues Blech unter den Braten schieben. Das ausgelaufene Fett abgießen und für die Zubereitung von Gemüse verwenden.

8 | Den Bratfond auf dem Blech mit Rotwein und etwas Wasser auflösen und notfalls aufkratzen. Diese hochkonzentrierte Flüssigkeit in einen Topf gießen, etwas einkochen lassen. Mit Pfeffer und Salz abschmecken, mit der Sahne verfeinern. Die Speisestärke in wenig Wasser verrühren, zur Sauce geben und eine dickflüssige Konsistenz herstellen.

1 | Von der Butter etwa 20 g in einer weiten Pfanne erhitzen, die Zwiebeln hinzufügen und andünsten. Den Reis untermischen und andünsten, bis die Körner glasig werden, dann mit Milch ablöschen und die Bouillon laufend in kleinen Mengen beigeben.

2 | Nach 20 Minuten Garzeit das Kürbispüree und den Zucker untermischen. Mit Salz, Pfeffer und wenig Muskat abschmecken.

3 | Den Risotto bissfest kochen. Kurz vor Ende der Garzeit die restliche Butter und den Parmesan unterrühren.

Schweinebraten
vom Nacken mit Kräutersauce

Zum Einstieg

• Benutzen Sie einen Kerntemperaturmesser, damit der Braten richtig gelingt.

• Kontrollieren Sie vor der ersten Benutzung des Backofens die Temperaturen auf Genauigkeit (Seite 20).

• Kaufen Sie das Fleisch möglichst einige Tage vor der Zubereitung, damit Sie es zu Hause nachreifen lassen können (Seite 17).

• Rechnen Sie mit einer Garzeit von ca. 4 Stunden.

Zutaten

1 kg Schweinenacken (Schweinshals)

2 EL säurehaltige Gewürzpaste (Seite 18)

für die Kräutersauce

100 ml Bouillon

50 ml Cognac

1 EL Bratenfondpulver

200 g Saucenrahm oder Sahne

schwarzer Pfeffer, frisch gemahlen

Streuwürze

Kräuter nach Belieben, frisch gehackt

Zubereitung

1 | Sofort nach dem Einkauf das Fleisch mit kaltem Wasser abspülen und mit Küchenpapier trocknen. Mit der Gewürzpaste rundherum einreiben und abgedeckt auf einem Blech für 1 bis 2 Tage an einen kühlen Ort bei 12 bis 15 °C stellen.

2 | Das Fleisch mindestens 8 Stunden vor Beginn des Bratprozesses zugedeckt bei Küchentemperatur aufbewahren.

3 | Gut 4 Stunden vor dem Essen das Fleisch ohne anzubraten auf dem Backofenrost auf die mittlere Schiene schieben. Eine feuerfeste Schale für den auslaufenden Saft darunter stellen. Den Backofen auf Umluft 120 °C einstellen. Den Kerntemperaturmesser ins Fleisch stechen und das Fleisch bis zu einer Kerntemperatur von 60 °C garen.

4 | Wenn die Kerntemperatur von 60 °C erreicht ist, Kruste und Farbe prüfen. Ist die Farbe schön dunkel, weitergaren, bis eine Kerntemperatur von 64 °C erreicht ist. Wünschen Sie mehr Farbe, schalten Sie den Grill ein und öffnen gleichzeitig die Backofentür,

Tipp

Verwenden Sie den ausgelaufenen Fleischsaft auch für die Herstellung einer Anissauce (Rezept Seite 72).

damit die Umgebungstemperatur für das Fleisch nicht zu hoch wird. So bekommt der Braten die gewünschte Bräune, ohne dem Fleisch Stress zu verursachen.

5 | Reduzieren Sie jetzt die Backofentemperatur auf 60 °C (Türe öffnen) und lassen Sie den Braten für 1 bis 2 Stunden ruhen.

6 | Die Schale mit dem Fleischsaft auf die heiße Herdplatte stellen und den Fond mit Bouillon auflösen. Stellen Sie eine andere Schale unter den Braten, damit der Ofen sauber bleibt.

7 | Den Cognac zum Fleischsaft geben, Bratenfondpulver, Saucenrahm oder Sahne unterrühren, die Flüssigkeit auf die Hälfte einkochen lassen. Mit Pfeffer und Streuwürze abschmecken, dicklich einkochen lassen und die Kräuter unterrühren.

8 | 15 Minuten vor dem Servieren erhöhen Sie die Backofentemperatur auf 80 °C, damit das Fleisch schön warm ist. Schneiden Sie das Fleisch auf und verteilen Sie es auf vorgewärmte Teller.

Schweinenacken
aus dem Ofen mit Anissauce

Zum Einstieg

• Benutzen Sie einen Kerntemperaturmesser, damit der Braten richtig gelingt.

• Kontrollieren Sie vor der ersten Benutzung des Backofens die Temperaturen auf Genauigkeit (Seite 20).

• Kaufen Sie das Fleisch möglichst einige Tage vor der Zubereitung, damit Sie es zu Hause nachreifen lassen können (Seite 17).

• Rechnen Sie mit einer Garzeit von 3 bis 4 Stunden.

Zutaten

1 kg Schweinenacken (Schweinshals)

1 EL säurehaltige Gewürzpaste (Seite 18)

3 EL Sojasauce

2 EL süße Sojasauce

3 EL Anissamen

für die Anissauce

50 ml Gin oder Cognac

2 EL Sojasauce

1 EL süße Sojasauce

100 ml Bouillon

200 g Sahne

1 TL Speisestärke

schwarzer Pfeffer, frisch gemahlen

Sreuwürze

Zubereitung

1 | Sofort nach dem Einkauf das Fleisch mit kaltem Wasser abspülen und mit Küchenpapier trocknen.

2 | Stellen Sie das Fleisch hochkant auf ein Brett und schneiden Sie es in 3 gleich dicke, längs zur Faser verlaufende Scheiben. Die Fleischscheiben rundherum mit der säurehaltigen Gewürzpaste bestreichen. Sojasaucen und Anissamen gleichmäßig auf dem Fleisch verteilen. Zugedeckt möglichst für 1 bis 2 Tage bei etwa 12 bis 15 °C nachreifen lassen.

3 | Das Fleisch sollte mindestens 4 Stunden vor Beginn des Garprozesses zugedeckt bei Küchentemperatur aufbewahrt werden.

4 | Gut 3 Stunden vor dem Essen die 3 Fleischscheiben ohne anzubraten auf den Backofenrost legen und auf die mittlere Schiene schieben. Eine feuerfeste Schale für den auslaufenden Saft darunter stellen. Den Backofen auf Umluft 130 °C einstellen. Den Kerntemperaturmesser ins Fleisch stechen.

5 | Wenn die Kerntemperatur von 58 °C erreicht ist, Kruste und Farbe prüfen. Wenn die Farbe schön dunkel

ist, weitergaren, bis die Kerntemperatur von 64 °C erreicht ist. Wünschen Sie mehr Farbe, schalten Sie den Grill ein und öffnen gleichzeitig die Backofentür, damit die Umgebungstemperatur für das Fleisch nicht zu hoch wird. So bekommt der Braten die gewünschte Bräune, ohne dem Fleisch Stress zu verursachen.

6 | Den Grill jetzt ausschalten. Wenn die Backofentemperatur wieder 60 °C erreicht hat, die Schweinenackenscheiben für 1 bis 2 Stunden garen.

7 | Den Bratfond mit den Gewürzpastenresten aus der Schale und dem Gin in einem Topf auf die Hälfte einkochen lassen. Sojasaucen und Bouillon zugeben und aufkochen lassen. Die Sahne unterrühren und eventuell mit etwas Speisestärke binden. Mit Pfeffer und Streuwürze abschmecken.

8 | Fleisch schräg aufschneiden, Sauce als Spiegel auf die Teller verteilen und die Tranchen darauf anrichten.

Schmorbraten,
Suppenfleisch, Ragout & Co.

Was gehört dazu?

Normalerweise werden diese Fleischstücke aus dem vorderen Teil des Tieres geschnitten. Dieser erbringt zwei Drittel der Kraft des Tieres und ist demzufolge bindegewebe- und auch fetthaltiger als das eher zartere Hinterteil. Dafür wird der Vorderteil von Kennern als aromatischer und saftiger eingeordnet. Ausnahme ist das Rind, bei dem verschiedene Muskeln aus der Keule auch für Schmorbraten und Co. verwendet werden.

Nicht dazu gehören:

Feinfaserige Stücke zum Kurzbraten und schlecht geschnittene oder zu stark zugeschnittene Muskeln. Tafelspitz ist ein vom Metzger geschaffener Modeartikel und gehört nicht dazu!

Ziel:

Ein weiches, saftiges Fleischgericht, das nach dem Essen nicht nach einem Zahnstocher ruft.

Früher sagte man: »Fleisch in kochendes Wasser geben, um die Poren zu schließen«. Heute wissen Sie natürlich, dass dies Unsinn ist. Damit wird nur Spannung und Druck im Fleisch erzeugt, und als Quittung für dieses Tun benötigen Sie nach dem Verzehr einen Zahnstocher.

Heute gilt auch hier: »Gut Ding will Weile haben«. Sanftes, dafür (sehr) langes Garen ist die Lösung. Nur so kann das Bindegewebe gelieren und das Fleisch Genuss bereiten. Bereits vor über 100 Jahren kannte man diese Zubereitungsart.

Beachten Sie folgende Punkte:

• Kaufen Sie nicht einfach Suppenfleisch oder Schmorbraten, sondern einen bestimmten Muskel. So bekommen Sie die großen Unterschiede zwischen den einzelnen Muskeln mit der Zeit in den Griff. Es ist wichtig, dass alle Fleischstücke eines Ragouts/Gulaschs vom gleichen Muskel geschnitten sind!

• Das Fleisch für diese Gerichte sollte nicht komplett von Fett befreit sein, weil Fett und Bindegewebe schützen und Aroma geben.

• Kaufen Sie die dreifache Fleischmenge und garen Sie diese auf ein Mal. Der Aufwand ist der gleiche, der Gewichtsverlust kleiner und die Möglichkeit, ein längliches Fleischstück zu bekommen, welches quer zu den Fasern aufschneidbar ist, wird wahrscheinlicher.

• Die Beschaffenheit dieser Muskelgruppe verlangt nach einer völlig anderen und neuen (?) Zubereitungsart. Auch hier gilt: Je sanfter, desto besser. Gleichzeitig gilt es aber, dem Fett, den Sehnen und dem Bindegewebe Rechnung zu tragen. Sie machen ein Gericht erst zu einem wahren Genuss.

Das gute alte Suppengrün findet auch bei dieser neuen Art des »Zart Garens« Verwendung.

Fett und Bindegewebe schützen und sind Aromaträger. Das Beispiel Indisches Curry (Seite 84)
zeigt, wie toll das mundet.

• Garen Sie Suppenfleisch, Schmorbraten und
Ragout immer am Vortag. So haben Sie genügend Zeit und können das Fleisch garen, bis es
gar ist. Das ist von Tier zu Tier und von Muskel
zu Muskel unterschiedlich. Verwenden Sie zur
Garkontrolle eine Stricknadel; wenn sie leicht in
das Fleisch gleitet, ist es gar.
• Die Gartemperatur hängt von Ihren zeitlichen
und technischen Möglichkeiten ab. Suchen Sie
die Möglichkeit mit der niedrigsten Gartemperatur. Je näher die Temperatur bei 80 °C und je
länger die Garzeit, desto besser. Bereits bei
85 °C geht es viel schneller, aber auch weniger
sanft. Ultimativ ist das Garen über Nacht bei
einer Temperatur von 80 °C in der Flüssigkeit.
• Sie können das Gefäß mit dem Fleisch zugedeckt auch im Backofen garen. Da die Temperatur in der Sauce entscheidend ist und ein
Temperaturverlust zwischen Backofen und
Sauce entsteht, sollten Sie mit einer 10 Prozent
höheren Backofentemperatur garen.

• Lassen Sie das Fleisch in der Flüssigkeit abkühlen.
• Schneiden Sie es anderntags in kaltem Zustand
in feine und schöne Scheiben, und teilen es in
drei Portionen.
• Portion zwei und drei legen Sie in eine Aluform
und gießen Sauce darüber, bis das Fleisch zugedeckt ist. So lässt es sich gut tiefkühlen und
schmeckt aufgetaut später wunderbar.
• Die Zubereitungsart eines Bratens oder Ra-
gouts/Gulasch ist die gleiche. Die Saucenher-
stellung erfolgt am nächsten Tag.

Fett:
Ein Schmorbraten sollte auf der Außenseite
durch etwas Fett und Bindegewebe geschützt
sein. Es ist darauf zu achten, dass dieses zu Beginn gut ausgebraten wird. Braten Sie einen
Schmorbraten nur dort an, wo er eine Fettauflage hat. Auch Ragoutfleisch brate ich nur dort
an, wo es Fett hat. Sonst verzichte ich auf das
Anbraten, weil es nur Stress verursacht.

Bindegewebe:
Je nach Alter des Tieres geliert Bindegewebe
bei ca. 65 bis 69 °C. Somit genügt eine Gartemperatur von 80 °C, um das Fleisch zu garen.
Ist die Temperatur höher, wird das Fleisch
faserig.

Suppenfleisch
sanft gegart

Zum Einstieg

- Es lohnt sich, die Einführung auf Seite 74 zuerst zu lesen, damit Sie genau wissen, wie die von mir beschriebene Garmethode zu einem köstlichen Gericht führt.

- Wer Suppenfleisch zart gart, braucht nachher keinen Zahnstocher. Das Fleisch wird sehr sanft im Biss und wird von Kennern einem Entrecôte vorgezogen.

- Mein Lieblingsfleischstück für dieses Gericht ist das Mittelbugstück (Schulterspitz). Wenn die Sehne in der Mitte richtig geliert wird, verleiht sie dem Gericht eine außergewöhnliche Note.

- Garen Sie das Suppenfleisch am Vortag.

- Dieses Rezept ergibt 6 Portionen.

Zutaten (6 Portionen)

1,2 l Wasser

2 Bouillonwürfel

200 ml kaltes Wasser

1,4 kg mageres Suppenfleisch vom Mittelbugstück/Schaufelstück (Schulterspitz), falsches Filet (Schulterfilet) oder Rinderbrust

Zubereitung

1 | Das Wasser mit dem Bouillonwürfel in einem großen Topf (das Fleisch sollte später gut mit Flüssigkeit bedeckt sein) zum Kochen bringen.

2 | Den Topf von der Herdplatte nehmen. Das kalte Wasser in die Bouillonbrühe geben, damit die Temperatur auf ca. 90 °C sinkt.

3 | Das Suppenfleisch kalt abspülen, mit Küchenpapier trocknen und in die Bouillon geben. Den Topf schließen und wieder auf die Herdplatte stellen. Die Temperatur der Bouillon sollte jetzt zwischen 75 und 85 °C liegen.

4 | Nach 30 Minuten reduzieren Sie die Temperatur der Herdplatte auf ein Minimum. Kontrollieren Sie die Temperatur periodisch. Bei einer idealen Bouillontemperatur von 80 °C rechne ich mit einer Gardauer von ca. 12 Stunden. Bei 85 °C geht es bedeutend schneller! Das Suppenfleisch ist dann gar, wenn Sie mit der Stricknadel ganz leicht ins Fleisch stechen können.

5 | Das Suppenfleisch in der Bouillon abkühlen lassen. Am nächsten Tag das Fleisch quer gegen die Faser in schöne Scheiben schneiden.

Tipp

Zum Einfrieren legen Sie je zwei Portionen in Aluformen und füllen mit kalter Bouillon so auf, dass das Fleisch überall bedeckt ist.

Fleischsalat
mit Champignons und Birnen

Zum Einstieg

• Reste von Suppenfleisch lassen sich problemlos 2 bis 3 Tage im Kühlschrank aufbewahren.

• Zart gegartes Suppenfleisch in Salatform zählt zu den Köstlichkeiten einer bodenständigen Tafel.

• Das halbwarme Fleisch und der Schnittsalat sollten erst im letzten Moment vor dem Essen gemischt werden.

• Dieses Gericht ist für 2 Personen berechnet.

Zutaten (2 Portionen)

30 g Butter

1 Zwiebel, fein geschnitten (60 g)

2 Knoblauchzehen, fein gehackt

50 g Champignons, in feine Scheiben geschnitten

1 Birne, geschält, in feinen Streifen

2 EL Schnittlauchröllchen

2 EL Aceto Balsamico

2 Scheiben (150 g) gegartes Suppenfleisch, gewürfelt

Zitronenpfeffer

Streuwürze

1/4 Kopf Schnittsalat, in feine Streifen geschnitten

2 EL Salatsauce/Dressing nach Wahl

Zubereitung

1 | Etwas Butter erhitzen, Zwiebel und Knoblauch darin andünsten. Die Champignons hinzufügen und unter Rühren kurz mitdünsten.

2 | Den Topf vom Herd nehmen, Birne, Schnittlauch und Aceto Balsamico unterrühren, das Suppenfleisch und die restliche Butter dazugeben, mit Zitronenpfeffer und Streuwürze gut würzen und alle Salatzutaten gut vermengen.

3 | Schnittsalat und Salatsauce dazugeben, vorsichtig alles gut mischen und anrichten.

Schmorbraten
vom Rind

- Es lohnt sich, die Einführung auf Seite 74 zuerst zu lesen, damit Sie genau wissen, wie die von mir beschriebene Garmethode zu einem köstlichen Gericht führt.

- Für dieses Gericht kaufen Sie am besten ein Fleischstück, welches nicht à la minute gegart werden kann. Besorgen Sie sich ein längliches Stück, welches Sie im gegarten Zustand gut quer zur Faser aufschneiden können und das schöne Tranchen ergibt.

- Achten Sie beim Einkauf unbedingt darauf, dass das Fleischstück nicht gänzlich von Fett und Bindegewebe befreit ist, denn dann fehlt der natürliche »Schutzschild«. Etwas Bindegewebe und Fett verschwindet beim Bratprozess, gibt aber viel Aroma, und beim Essen merken Sie nichts mehr davon.

- Bereiten Sie den Schmorbraten wann immer möglich am Vortag zu, so können Sie das Fleisch zart garen, bis es wirklich gar ist, was Sie mit der Nadelprobe feststellen können.

- Eine Garzeitangabe ist weder sinnvoll noch nützlich (siehe auch Seite 14).

- Es ist sinnvoll, den Schmorbraten tagsüber zu garen, damit die Temperaturkontrolle möglich ist.

Zutaten (6 Portionen)

1,4 kg Schmorbraten vom falschen Filet (Schulterfilet), Mittelbugstück/Schaufelstück (Schulterspitz), Schwanzrolle (runder Mocken), runde Kugel (runde Nuss)

1 EL Olivenöl

2 Knoblauchzehen, fein gehackt

100 g Zwiebeln, grob gehackt

100 g Möhren, in 1 cm dicke Scheiben geschnitten

100 g Lauch, in 1 cm dicke Scheiben geschnitten

100 g Sellerie, in 1 cm große Würfel geschnitten

2 Lorbeerblätter

2 Nelken

6 Wacholderbeeren

2 Bouillonwürfel

1 l Rotwein

200 ml kaltes Wasser

für die Sauce

Konzentrat für 200 ml Bratensaft

30 g Tomatenpüree

1 TL Speisestärke

schwarzer Pfeffer, frisch gemahlen

Streuwürze

Zubereitung

1 | Das Suppenfleisch kalt abspülen, mit Küchenpapier trocknen.

2 | In einem großen, nicht zu breiten Topf (das Fleisch sollte später gut mit Flüssigkeit bedeckt sein) das Öl erhitzen und das Fleisch nur an den Fettstellen gut anbraten und herausnehmen.

3 | In dem gleichen Topf Knoblauch und Zwiebel andünsten, alle Gemüse hinzufügen und ebenfalls andünsten. Alle Gewürze unterrühren, die Bouillonwürfel und etwa 300 Milliliter Rotwein dazugeben. Köcheln lassen, bis das Gemüse halbgar ist.

4 | Den restlichen Rotwein angießen und zum Kochen bringen. Den Topf vom Herd ziehen, das kalte Wasser dazugeben, damit die Temperatur der Flüssigkeit auf 90 °C sinkt.

5 | Das Fleisch in den Topf geben und verschließen. Den Topf wieder auf die Herdplatte stellen. Die Temperatur der Flüssigkeit sollte zwischen 75 und 85 °C liegen. Nach 30 Minuten stellen Sie die Hitze auf das Minimum ein und kontrollieren die Temperatur periodisch.

Anstelle der Wacholderbeeren können Sie auch 3 EL Gin dazugeben.
Wenn Sie mit 85 °C garen, können Sie auf das Vorgaren der Gemüse verzichten.

Bei einer idealen Temperatur der Flüssigkeit von 80 °C rechne ich mit einer
Gardauer von etwa 12 Stunden. Achtung: Bereits bei 85 °C geht es bedeutend schneller! Der Schmorbraten ist
dann gar, wenn Sie mit der Stricknadel
ganz leicht ins Fleisch stechen können.

6 | Den Braten in der Flüssigkeit abküh-
len lassen.

7 | Am nächsten Tag das Fleisch quer
gegen die Fasern in schöne Scheiben
schneiden.

8 | Für die Sauce die Gemüse-Fleisch-
Flüssigkeit auf 1 Liter einkochen lassen.
Bratensaftkonzentrat darin auflösen,
das Tomatenpüree unterrühren. Mit der
Speisestärke andicken und mit Pfeffer
und Streuwürze abschmecken, nochmals aufkochen lassen.

9 | Zum Einfrieren je zwei Fleischportio-
nen in Aluformen legen und mit der
kalten Sauce (die Lorbeerblätter entfernen) so auffüllen, dass das Fleisch
rundherum bedeckt ist. Abkühlen lassen
und einfrieren.

Rinderschnitzel
mit Gemüse geschmort

Zum Einstieg

• Es lohnt sich, die Einführung auf Seite 74 zuerst zu lesen, damit Sie genau wissen, wie die von mir beschriebene Garmethode zu einem köstlichen Gericht führt.

• Lassen Sie sich für dieses Gericht vom Metzger aus einem Schmorbratenstück ganz dünne Scheiben auf der Aufschnittmaschine schneiden.

• Bereiten Sie Rinderschnitzel möglichst am Vortag zu, dann können Sie das Fleisch garen, bis es wirklich zart ist. So haben Sie am nächsten Tag auch mehr Zeit für Ihre Gäste.

• Eine Garzeitangabe ist weder sinnvoll noch nützlich (siehe auch Seite 14).

• Die Speckwürfel nicht mitschmoren – das Aroma wird sonst zu intensiv.

Tipp

Dazu serviere ich selbst gemachtes Kartoffelpüree.
Anstelle von Weißwein können Sie auch Rotwein nehmen. Auch Wein mit Korkschaden kann für dieses Gericht verwendet werden.

Zutaten

50 g Speck, klein gewürfelt

300 g Zwiebeln, klein gewürfelt

200 g Möhren, klein gewürfelt

200 g Sellerie, klein gewürfelt

schwarzer Pfeffer, frisch gemahlen

Paprikapulver

Streuwürze

1 Msp. Kümmelpulver

700 g Rinderschnitzel von der Schwanzrolle (runder Mocken), Unterschale (Nuss), Oberschale (Eckstück), dünn geschnitten

200 ml trockener Weißwein

300 ml Bouillon

20 g Tomatenmark

1 TL Speisestärke

2 EL Schnittlauchröllchen

Zubereitung

1 | In einem Topf die Speckwürfel bei mittlerer Temperatur glasig werden lassen und herausnehmen.

2 | In dem verbliebenen Speckfett nun alle Gemüse andünsten, mit Pfeffer, Paprika, Streuwürze und Kümmel würzen und herausnehmen.

3 | Nun die dünnen Rinderschnitzel mit dem Gemüse lagenweise in den Topf schichten (Gemüse, Fleisch, Gemüse, Fleisch usw.).

4 | Weißwein und Bouillon darüber gießen, die Fleisch-Gemüse-Schichten sollten mit Flüssigkeit bedeckt sein. Bei geschlossenem Deckel mit möglichst niedrigen Temperaturen weich garen.

5 | Die Flüssigkeit in einen Topf gießen. Das Tomatenmark unterrühren. Die Sauce mit Speisestärke binden, kurz aufkochen lassen und wieder zum Fleisch geben.

6 | Fleisch und Gemüse mit der Sauce auf vorgewärmten Tellern anrichten. Speckwürfel und Schnittlauch darüber streuen und servieren.

Rindergulasch
ungarische Art

(siehe auch Seite 14)

Zum Einstieg

• Kaufen Sie ein mageres Rinderragout. Da es kein Fett hat, braucht es nicht angebraten zu werden.

• Eine Garzeitangabe ist weder sinnvoll noch nützlich (siehe auch Seite 14).

• Garen Sie das Rinderragout immer am Vortag und wählen Sie die Garmethode von Seite 74.

• Obwohl dieses Gericht eigentlich ein Eintopf ist, bereite ich die einzelnen Komponenten auch separat zu. Nur so habe ich die Möglichkeit, richtig und schnell reagieren zu können.

• Bei einer Flüssigkeitstemperatur von 80 °C rechne ich mit einer Gardauer von 10 Stunden. Bei 85 °C geht es bedeutend schneller! Das Rinderragout ist dann gar, wenn Sie mit der Stricknadel ganz leicht ins Fleisch stechen können.

Tipp
Dieses Gericht darf recht scharf sein, würzen Sie großzügig.

Zutaten

1 EL Olivenöl

400 g Zwiebeln, in Streifen geschnitten

2 Knoblauchzehen, fein gehackt

600 ml Bouillon

20 g Tomatenmark

1 TL Kümmelpulver

1 EL Paprikapulver

1 TL Majoran, getrocknet

100 ml kaltes Wasser

800 g mageres Rinderragout

Streuwürze

schwarzer Pfeffer, frisch gemahlen

1 TL Speisestärke

500 g Kartoffeln, geschält, geviertelt

1 rote Paprikaschote, in Streifen geschnitten

1 gelbe Paprikaschote, in Streifen geschnitten

2 Tomaten, geviertelt

Zubereitung

1 | Das Olivenöl erhitzen, Zwiebeln und Knoblauch darin andünsten. Bouillon, Tomatenmark und Gewürze unterrühren und alles aufkochen lassen.

2 | Den Topf von der Herdplatte nehmen. Das kalte Wasser hinzufügen, damit die Temperatur auf ca. 90 °C sinkt.

3 | Das Fleisch mit Streuwürze und Pfeffer gut würzen und in die Flüssigkeit geben. Den Topf schließen und wieder auf die Herdplatte stellen. Die Temperatur der Flüssigkeit sollte jetzt zwischen 75 und 85 °C liegen.

4 | Nach 30 Minuten stellen Sie die Hitze auf das Minimum und kontrollieren die Temperatur der Flüssigkeit periodisch.

5 | Am nächsten Tag die Flüssigkeit mit Speisestärke binden.

6 | Die Kartoffeln in Salzwasser garen und zum Fleisch geben. Die Paprikaschoten in wenig Flüssigkeit bissfest dämpfen und mit den Tomaten zum Fleisch geben.

7 | Das Gulasch noch einmal kurz erhitzen und auf vorgewärmten Tellern servieren.

Rindergulasch
südamerikanische Art

Zum Einstieg

• Ein Rindergulasch können Sie aus unterschiedlichen Fleischsorten zubereiten. Eine gute Basis ist, wenn die Fleischstücke alle vom gleichen Muskel und vom gleichen Tier stammen. Denn nicht alle Muskeln haben die gleichen Eigenschaften und die gleichen Garzeiten! Das Gericht muss ja gegart werden, bis der härteste Muskel weich ist. Die zarteren Muskeln können bis dahin heillos verkocht sein.

• Auch das Fleisch für ein Gulasch sollte nicht total ohne Fett und Bindegewebe sein. Beides gibt dem Gericht den Geschmack.

• Bestellen Sie beim Metzger für dieses Gericht Schenkelfleisch vom Rind am Stück ohne Außenhaut und schneiden Sie das Fleisch selbst.

• Dieses Gulasch sollte nur mit schwachen Temperaturen gegart werden, damit das Bindegewebe schön geliert zur Geltung kommt, und das braucht seine Zeit. Je sanfter, desto besser; das Bindegewebe braucht Zeit zum Gelieren.

• Garen Sie das Rindergulasch immer am Vortag. So haben sie Zeit und können die sanfteste Garmethode wählen.

• Eine Garzeitangabe ist weder sinnvoll noch nützlich (siehe auch Seite 14).

Zutaten

750 g Rinderschenkelfleisch (Schenkel) ohne Außenhaut

2 EL Olivenöl

2 Knoblauchzehen, fein gehackt

150 g Zwiebeln, fein gehackt

20 g Tomatenmark

2 EL Majoran

2 Lorbeerblätter

300 ml Bratenfond

1/2 l Rotwein

1 EL abgeriebene Zitronenschale (unbehandelt)

Saft von 1 Zitrone

100 ml kaltes Wasser

1 kleine rohe Kartoffel

1 Dose Feuerbohnen à 400 g

2 EL Honig

4 EL Aceto Balsamico

Zubereitung

1 | Das Rinderschenkelfleisch längs in einzelne Muskelstränge zerlegen, dabei Sehnen nicht entfernen, und in etwa 1,5 cm lange Stücke schneiden.

2 | Das Olivenöl erhitzen, Knoblauch und Zwiebeln darin andünsten. Tomatenmark, Majoran, Lorbeerblätter, Bratenfond, Rotwein, Zitronenschale und -saft zugeben und alles aufkochen lassen.

3 | Den Topf von der Herdplatte nehmen. Das kalte Wasser dazugeben, damit die Temperatur auf ca. 90 °C sinkt.

4 | Das Fleisch ohne anzubraten hinzufügen, den Topf schließen und wieder auf die Herdplatte stellen. Die Temperatur der Flüssigkeit sollte jetzt zwischen 75 und 85 °C liegen.

5 | Nach 30 Minuten stellen Sie die Hitze auf das Minimum ein und kontrollieren die Temperatur periodisch. Es ist sinnvoll, das Rindergulasch tagsüber zu garen, damit die Überwachung möglich ist.

Tipp

Die geriebene Kartoffel verwende ich anstelle von Bindemittel. Sie verleiht dem Gericht eine angenehme Konsistenz.

6 | Bei einer idealen Temperatur der Flüssigkeit von 80 °C rechne ich mit einer Gardauer von gut 12 Stunden. Bei 85 °C geht es bedeutend schneller!

7 | Das Rindergulasch ist dann gar, wenn Sie mit der Stricknadel ganz leicht ins Fleisch stechen können.

8 | Die Lorbeerblätter entfernen. Die Kartoffel reiben und in das Gulasch rühren. Die Feuerbohnen aus der Dose kalt abspülen und zugeben. Den Honig und Essig unterrühren und das Gulasch nochmals 20 Minuten ganz schwach köcheln lassen.

Indisches Curry
aus Rindfleisch mit Äpfeln

Zum Einstieg

• Kaufen Sie für dieses Gericht fettes Suppenfleisch. »Je fetter, desto besser« bin ich versucht zu sagen. Bei diesem Gericht erleben Sie, welch wichtige Funktion das Fett als Aromaträger hat. Dieses exotische Rezept straft viele Vorurteile Lügen.

• Rechnen Sie bei 80 °C Temperatur im Topf mit 5 bis 6 Stunden Garzeit, bei höherer Temperatur natürlich weniger. Es ist sinnvoll, das Rindergulasch tagsüber zu garen, damit die Überwachung möglich ist.

• Die Äpfel sollten nicht geschnitten, sondern durch die Röstiraffel gedreht werden, weil so der Saft besser auslaufen kann.

Zutaten

600 g fettes Rindersuppenfleisch von der Spannrippe

200 g Zwiebeln, fein gehackt

400 g Äpfel, ungeschält grob geraspelt

3–4 EL scharfes Currypulver

100 ml trockener Weißwein

100 ml Bouillon

1 Bouillonwürfel

100 g Joghurt

Zubereitung

1 | Schneiden Sie das Fleisch und das Fett in etwa 1 cm kleine Stücke.

2 | Geben Sie das Fleisch mit dem Fett nach unten in einen Topf und braten es ohne Fettzugabe gut an. Zwiebeln und Apfelraspel hinzufügen, Curry unterrühren. Weißwein, Bouillon und Bouillonwürfel dazugeben, alles gut verrühren. Den Topf schließen und das Fleisch bei niedrigster Temperatur weich schmoren lassen.

3 | Zuletzt den Joghurt gut unterrühren. Das Curry nicht mehr kochen lassen. Auf vorgewärmten Tellern servieren.

Reis oder indisches Brot sind die idealen Begleiter. Die Schärfe dieses Gerichtes verschwindet schnell, da sie ja vom Curry stammt. Servieren Sie einen kühlen Roséwein oder ein Bier dazu.

Zwiebeln, Knoblauch und Äpfel galten in der Antike als Heilmittel.

Schweinegulasch
Szegediner Art

Zum Einstieg

• Obwohl dieses Gericht eigentlich ein Eintopf ist, bereite ich die einzelnen Komponenten auch hierfür separat zu. Nur so habe ich die Möglichkeit, richtig und schnell reagieren zu können.

• Die Garzeit richtet sich auch hier nach der Temperatur. Rechnen Sie bei 80 °C in der Sauce mit 4 bis 5 Stunden, bei höherer Temperatur natürlich weniger. Das Schweinefleischragout ist dann gar, wenn Sie mit der Stricknadel ganz leicht ins Fleisch stechen können.

Zutaten

1 EL Olivenöl

200 g Zwiebeln, klein geschnitten

1 kg Weißkohl, fein geschnitten

1 Stück Würfelzucker

100 ml kaltes Wasser

1 Lorbeerblatt

1 TL Paprikapulver

1/2 TL Kümmel

700 g Schweineragout

100 ml trockener Weißwein

1 rote Chilischote, entkernt

400 ml Bouillon

100 ml kaltes Wasser

Streuwürze

schwarzer Pfeffer, frisch gemahlen

100 g Sahne

Zubereitung

1 | Das Öl erhitzen und die Zwiebeln darin andünsten, bis sie etwas Farbe annehmen. Weißkohl, Zucker, Wasser und Gewürze dazugeben und 20 Minuten köcheln lassen.

2 | Das Schweinefleisch in einer Pfanne nur auf der Fettseite anbraten und herausnehmen.

3 | Weißwein, Chilischote und die Bouillon zusammen aufkochen. Den Topf vom Herd ziehen. Das kalte Wasser in die Brühe gießen, damit die Temperatur auf ca. 90 °C sinkt.

4 | Das Fleisch mit Streuwürze und schwarzem Pfeffer würzen und in die Brühe geben. Den Topf schließen und wieder auf die Herdplatte stellen. Die Temperatur der Flüssigkeit sollte jetzt zwischen 75 und 85 °C liegen. Nach 20 Minuten stellen Sie die Temperatur auf das Minimum ein und kontrollieren periodisch, bis das Fleisch gar ist.

5 | Schweinefleisch und Weißkohl mischen und nochmals 15 Minuten köcheln lassen. Die Sahne darunter ziehen, das Gulasch sollte nicht zu dickflüssig sein.

Tipp

Würzen Sie ruhig scharf. Solange Sie »zum Löschen« kein Wasser trinken, vergeht die Schärfe sehr schnell wieder. Gönnen Sie sich eine Flasche kalten Tokajer dazu. Er ist leicht süß und rundet das Aroma herrlich ab. Zu diesem Gericht serviere ich nur Brot und genug Wein.

Kalbsragout
mit Biersauce

Zum Einstieg

• Dieses Gericht kann auch mit Rind- oder Schweinefleisch zubereitet werden, wobei Sie die Garzeit anpassen müssen (Rindfleisch benötigt etwa 10 bis 12 Stunden).

• Rechnen Sie bei 80 °C Saucentemperatur mit ca. 4 Stunden Garzeit, bei höherer Temperatur natürlich weniger. Das Kalbsragout ist dann gar, wenn Sie mit der Stricknadel ganz leicht ins Fleisch stechen können.

Zutaten

600 g Kalbfleisch
von der Schulter, gewürfelt

1/2 l Bier

1 TL Kümmel, fein gehackt

abgeriebene Schale von
1/4 unbehandelten Zitrone

1 Knoblauchzehe, fein gehackt

1 Bouillonwürfel

50 ml kaltes Wasser

Streuwürze

schwarzer Pfeffer, frisch gemahlen

Konzentrat für 50 ml Bratensaft

1 TL Speisestärke

100 g Sahne

1 EL Petersilie, frisch gehackt

Paprikapulver

Zubereitung

1 | Das Kalbfleisch in einem Topf nur auf der Fettseite anbraten und herausnehmen.

2 | Das Bier mit Kümmel, Zitronenschale, Knoblauch und Bouillonwürfel in einem Topf aufkochen lassen. Den Topf vom Herd ziehen, das kalte Wasser zugeben, damit die Temperatur auf etwa 90 °C sinkt.

3 | Das Fleisch mit Streuwürze und Pfeffer würzen und in die Flüssigkeit geben. Den Topf schließen und wieder auf die Herdplatte stellen. Die Temperatur der Flüssigkeit sollte jetzt zwischen 75 und 85 °C liegen. Nach 20 Minuten die Hitze auf das Minimum einstellen und die Temperatur periodisch kontrollieren.

4 | Das Fleisch aus der Sauce nehmen und diese auf knapp einen halben Liter einkochen lassen. Bratensaftkonzentrat dazugeben, mit der Speisestärke andicken, die Sahne unterrühren und die Sauce mit dem Fleisch mischen.

5 | Das Ragout auf vorgewärmte Teller verteilen, Petersilie und Paprikapulver darüber streuen und servieren.

Kalbsbäckchen
auf Gemüsebett

Zum Einstieg

- Kalbsbacken sind für Kenner ein Gedicht und gar nicht einfach zu beschaffen.

- Der relativ hohe Bindegewebsanteil gibt diesem Gericht in geliertem Zustand eine tolle Note.

- Garen Sie auch dieses Gericht am Vortag.

- Wenn die Gartemperatur über 85 °C beträgt, kann auf das Andünsten des Gemüses verzichtet werden.

Zutaten

4 Kalbsbacken à ca. 180 g

2 EL säurehaltige Gewürzpaste (Seite 18)

1 EL Olivenöl

100 g Zwiebeln, klein geschnitten

150 g Lauch, in Stückchen geschnitten

200 g Zucchini, in kleine Würfel geschnitten

100 g gelbe Paprikaschoten, klein gewürfelt

100 g rote Paprikaschoten, klein gewürfelt

Streuwürze

schwarzer Pfeffer, frisch gemahlen

1/2 l Rotwein

Konzentrat für 50 ml Bratensaft

Zubereitung

1 | Die Kalbsbacken mit der Gewürzpaste von allen Seiten einreiben, mit Folie abdecken und an einem kühlen Ort bei 12 bis 15 °C über Nacht marinieren.

2 | Kalbsbacken in einer Pfanne auf der Fettseite ohne Fettzugabe anbraten und herausnehmen.

3 | Das Öl erhitzen, Zwiebeln andünsten, alle Gemüse hinzufügen und bissfest garen. Mit Streuwürze und Pfeffer würzen. Rotwein zugeben und aufkochen lassen.

4 | Das Fleisch mit dem Gemüse in eine Gratinform geben. Die Form auf eine Herdplatte stellen, auf 85 °C bringen und während 20 Minuten diese Temperatur beibehalten.

5 | Dann zugedeckt auf dem Rost auf die mittlere Schiene des Backofens schieben und bei Umluft 90 °C in etwa 8 bis 9 Stunden weich schmoren.

6 | Die Flüssigkeit aus der Gratinform in einen Topf abgießen. Mit dem Bratensaftkonzentrat binden und wieder zum Fleisch geben. Auf vorgewärmten Tellern servieren.

Tipp

Brot passt am besten als Beilage dazu, aber auch Bandnudeln oder Reis sind geeignet.

Wildschweinragout
toskanische Art

Zum Einstieg

• Der Einkauf von Wild ist Vertrauenssache. Die Art und Weise, wie das Tier erlegt und bearbeitet wird, ist äußerst wichtig. Jede Aufregung führt zu Stress, was die Haltbarkeit des Fleisches stark reduziert. Deshalb ist die Reifezeit für das Fleisch etwas kürzer.

• Dieses Gericht können Sie auch mit Schweineragout machen.

Zutaten

1 Bund Suppengrün

4 Knoblauchzehen, fein gehackt

1 EL Rosmarin

1 EL Thymian

1 EL Salbei

5 EL Aceto Balsamico

600 ml Rotwein

900 g Wildschweinragout, in 2 bis 3 cm große Stücke geschnitten

200 ml Bouillon

1 EL Olivenöl

200 g Möhren, klein geschnitten

200 g Zwiebeln, klein geschnitten

200 g Stangensellerie, klein geschnitten

2 Lorbeerblätter

Streuwürze

schwarzer Pfeffer, frisch gemahlen

3 EL Zucker

100 g Rosinen

100 g Senffrüchte, zerkleinert

Salz

1 Prise Muskat, frisch gerieben

50 g dunkle Schokolade

Thymian- oder Rosmarinzweige

Zubereitung

1 | In einem flachen Topf Suppengrün, die Hälfte vom Knoblauch, alle Gewürze, 2 Esslöffel Aceto Balsamico und 1/2 Liter Rotwein vermischen. Das Wildschweinragout dazugeben und vermengen, flach pressen, mit Folie abdecken und an einem kühlen Ort, aber nicht im Kühlschrank, bei etwa 12 bis 15 °C über Nacht ziehen lassen.

2 | Am andern Tag das Fleisch aus der Marinade nehmen. Die verbliebene Flüssigkeit mit der Bouillon verrühren, aufkochen lassen und den entstehenden Eiweißschaum entfernen.

3 | In einem schweren Topf die Wildschweinragoutstücke nur auf der Fettseite anbraten und herausnehmen.

4 | Im gleichen Topf das Olivenöl erhitzen, alle Gemüse und die Lorbeerblätter hinzufügen und mit dem restlichen Knoblauch andünsten, würzen, die Marinadenflüssigkeit dazugießen und alles etwa 7 Minuten leise köcheln lassen.

5 | Den Topf vom Herd ziehen, den restlichen Rotwein zugeben, damit die Temperatur auf ca. 90 °C sinkt.

Tipp

Dazu passt Polenta (Seite 64) – entweder frisch gekocht oder ausgekühlt, in Scheiben geschnitten und in der Pfanne gebraten.

6 | Das Fleisch mit Streuwürze und Pfeffer gut würzen und in die Flüssigkeit geben. Den Topf schließen und wieder auf die Herdplatte stellen. Die Temperatur der Flüssigkeit sollte jetzt zwischen 75 und 85 °C liegen.

7 | Nach 20 Minuten die Hitze auf das Minimum einstellen und die Temperatur periodisch kontrollieren. Rechnen Sie bei 80 °C Saucentemperatur mit ca. 6 Stunden Garzeit, bei höherer Temperatur natürlich weniger. Das Wildschweinragout ist dann gar, wenn Sie mit der Stricknadel ganz leicht ins Fleisch stechen können. Garen Sie das Gericht tagsüber, damit die Überwachung möglich ist.

8 | Den Zucker mit etwas Wasser in einem Topf karamellisieren lassen und den Bratensaft vom Fleisch dazugeben. Rosinen, Senffrüchte und 3 Esslöffel Aceto Balsamico dazugeben, mit Salz, Pfeffer und Muskat abschmecken und aufkochen lassen. Die Schokolade zugeben, schmelzen lassen, sanft unterziehen und die Sauce unter das Fleisch rühren.

9 | Das Gulasch auf vorgewärmten Tellern servieren. Mit den Kräuterzweigen garnieren.

Geschnetzeltes –
so wird's perfekt

Ziel:
Das Fleisch seiner Eignung entsprechend so zubereiten, dass möglichst viel Genuss beim Essen erreicht wird.

Beachten Sie folgenden Punkt:
Alles Fleisch, welches mit einer kochenden Flüssigkeit in Berührung kommt, wird sofort hart und muss anschließend wieder weich gegart werden. Dies passiert nicht nur, wenn Fleisch mit Flüssigkeit abgelöscht wird. Wenn die Fleischmenge für das Anbraten in der Bratpfanne zu groß ist (es zischt dann so »schön«), zieht das Fleisch sofort Wasser und wird hart.

Meine vier grundverschiedenen Zubereitungsarten:

A. Geschnetzeltes in der Sauce weich gegart:
• Kaufen Sie mageres Ragout/Gulasch und lassen es beim Metzger klein schneiden oder durch die Schnetzelmaschine treiben. Solches Fleisch ist wesentlich günstiger und für diese Zubereitungsart sehr gut geeignet.
• Braten Sie die Fleischstücke portionsweise besonders auf der Fettseite gut an, geben die Zutaten dazu, löschen mit Wein, Cognac oder Bouillon ab und lassen es bei schwacher Hitze weich schmoren. Kurz vor Ende der Garzeit schmecken Sie die Sauce ab, binden sie mit wenig Stärke, verfeinern mit etwas Sahne und servieren so ein feines Gericht.

B. Geschnetzeltes à la minute:
• Der Einkauf des vorbereiteten und zarten Geschnetzelten lohnt sich nur, wenn Sie alle Punkte strikt beachten, damit Sie das Zischen vermeiden und das Fleisch nicht weich kochen müssen.
• Verwenden Sie Bratfette, die hoch erhitzt werden können, keine frische Butter.
• Braten Sie das Fleisch portionsweise an, ein Viertel des Bratpfannenbodens sollte frei sein.
• Wenden Sie das Fleisch nur einmal und gezielt und garen Sie das Fleisch nicht zu stark, es zieht später im Backofen durch.
• Geben Sie Salz oder Streuwürze erst unmittelbar vor dem Herausnehmen des Fleisches dazu, weil das Fleisch nach dem Salzen sofort Wasser ziehen und somit hart werden würde.
• Stellen Sie das Fleisch in den Ofen (60 °C).
• Bereiten Sie die Sauce immer separat vor, dann geraten Sie nicht in Stress. Der Bratensatz ist nicht so wertvoll, wie Sie glauben! Geben Sie den ausgelaufenen Saft zuletzt in die Sauce.
• Nachdem Sie das Fleisch dazugegeben haben, darf die Sauce nicht mehr kochen.

C. Geschnetzeltes mit tiefgekühltem Fleisch:
• Geschnetzeltes gehört neben Hackfleisch zu dem Fleisch, das am schnellsten verdirbt. Deshalb schätzen es viele Leute, eine Portion Geschnetzeltes als Reserve im Tiefkühlfach zu haben. Das ist aber nicht ideal. Der Qualitätsabbau geht bei diesem stark zerkleinerten Fleisch viel schneller vonstatten und der Saftverlust ist

So mageres und zartes Fleisch verlangt nach einer behutsamen Behandlung.

wegen der großen Oberfläche hoch. Kaufen Sie deshalb statt Geschnetzeltem lieber Schnitzelfleisch und geben Sie es flach und gut verpackt in das Tiefkühlfach. Solches Fleisch ist schnell aufgetaut.

• Geben Sie das Schnitzel, auch wenn es noch nicht ganz aufgetaut ist, in die Bratpfanne und braten es in wenig Butterschmalz beidseitig an, ohne es ganz durchzubraten. Schneiden Sie das Schnitzel in Streifen, geben Sie diese in die vorher fertig gestellte Sauce und lassen es etwas durchziehen. Die Sauce darf aber auf keinen Fall kochen. Sie werden staunen, wie zart das Fleisch ist.

D. Geschnetzeltes in der Sauce punktgenau gegart:

• Für mich die ultimativste Zubereitung. Da weder Fett noch Bindegewebe an einem zarten Geschnetzelten sind, gibt es auch nichts, was sich anzubraten lohnt. Wer diese Zubereitung im Griff hat, staunt ob dem Genuss, der ihm beschert wird.

• Bereiten Sie als Erstes die Sauce zu. Sie kann aus allem bestehen und auch Gemüse enthalten. Die Sauce sollte eher etwas zu dick als zu dünn sein, denn dicker machen können Sie die Sauce anschließend nicht mehr.

• Trocknen Sie das geschnetzelte Fleisch mit Küchenpapier, würzen und mischen Sie es leicht.

• Bringen Sie die Sauce unmittelbar vor dem Essen nochmals zum Kochen, aber achten Sie darauf, dass sie nicht anbrennt.

• Jetzt müssen Sie drei Dinge gleichzeitig tun: Den Topf von der Herdplatte ziehen, das Fleisch hineingeben und schnell und gut rühren. Es ist wichtig, dass das Fleisch rundherum von heißer (nicht kochender) Sauce umgeben ist. Die Temperatur der Sauce sinkt des kalten Fleisches wegen, deshalb müssen Sie den Topf immer wieder kurz auf die heiße Herdplatte geben. Die Temperatur der Sauce sollte jedoch 65 °C nicht übersteigen, weil sonst das Eiweiß ausläuft und in der Sauce Spuren hinterlässt.

• Das Fleisch beginnt nun an den Rändern die Farbe zu wechseln und wird weiß. Rühren Sie weiter, bis das Geschnetzelte überall weiß ist.

• Die große Kunst bei dieser Herstellungsart liegt in der Temperatur – sie darf nur am Anfang hoch sein – und am rechtzeitigen Abbruch des Garprozesses. Denken Sie daran, dass das Fleisch in der heißen Sauce weitergart, auch wenn es auf dem Tisch steht. Verlieren Sie den Mut nicht, wenn die ersten drei Geschnetzelten nach dieser Art noch nicht perfekt sind, weil sie eher zu stark durchgegart wurden.

• Bakteriologisch ist diese Herstellungsart unbedenklich, was durch Laboranalysen mehrfach bestätigt wurde.

• Diese Zubereitungsart eignet sich für zartes und mageres Fleisch von Hähnchen, Pute, Kalb, Schwein, Rind und Lamm.

Geschnetzeltes
nach Zürcher Art

Zum Einstieg

• Dieses klassische Geschnetzelte gehört zur Gruppe B und wird à la minute zubereitet.

• Es besteht normalerweise aus 1/3 Kalbfleisch, 1/3 Kalbsnieren ohne Fett und 1/3 Champignons. Sie können die Kalbsnieren durch Kalbfleisch ersetzen.

• Kaufen Sie von Hand geschnetzeltes Fleisch von der Keule, welches der Metzger normalerweise bereits so anbietet.

Zutaten

300 g Kalbsgeschnetzeltes

300 g Kalbsnieren ohne Fett, gesäubert, handgeschnetzelt

30 g Butterschmalz

1 Zwiebel, fein gehackt

1/2 l Weißwein

Konzentrat für 150 ml Bratensaft

300 g Champignons, größere Pilze in feine Scheiben geschnitten

1 TL Butter

150 g Saucenrahm oder Sahne

Paprikapulver

schwarzer Pfeffer, frisch gemahlen

Salz

Zubereitung

1 | Kalbfleisch und -nieren nacheinander in wenig Butterschmalz kurz anbraten, auf einen Teller geben und im Backofen bei maximal 60 °C warm stellen.

2 | Restliches Butterschmalz erhitzen, die Zwiebel darin andünsten, Weißwein und Bratensaftkonzentrat dazugeben und um 1/3 einkochen lassen.

3 | Die Champignons in der Butter andünsten und zur Sauce geben. Den Saucenrahm oder die Sahne unterrühren und mit Paprikapulver, Pfeffer und Salz würzen. Das Fleisch in die Sauce geben, erhitzen, aber auf keinen Fall kochen lassen. Das Geschnetzelte auf vorgewärmten Tellern servieren.

Hähnchenbrust
mit Curry-Mango-Apfel-Sauce

Zum Einstieg

• Dieses sehr schnell zubereitete Geschnetzelte gehört in die Gruppe D; das Fleisch wird in der Sauce punktgegart.

• Sie können dieses Gericht auch mit Schweinefleisch (Hüfte, Oberschale, Filet), Kalbfleisch (Oberschale), Rindfleisch (Oberschale, Hüfte) oder Putenfleisch zubereiten.

Zutaten

50 ml Gin

abgeriebene Schale von 1/2 unbehandelten Orange

1 Apfel, mit Schale in Stiftchen geschnitten

2 EL Currypulver

1 TL Bratenfondpulver

20 g getrocknete Mango, in kleine Stücke geschnitten

100 ml Milch

200 g Saucenrahm oder Sahne

600 g Hähnchenbrustfleisch, in 1,5 cm große Würfel geschnitten

Streuwürze

schwarzer Pfeffer, frisch gemahlen

1 EL Schnittlauchröllchen

Zubereitung

1 | Den Gin in einem Topf aufkochen lassen. Orangenschale, Apfelstifte, Currypulver, Bratenfondpulver, Mango, Milch und Saucenrahm oder Sahne dazugeben und alles 3 Minuten köcheln lassen. Konsistenz prüfen.

2 | Die Hähnchenbrustwürfel mit Streuwürze und Pfeffer leicht würzen. Die Sauce aufkochen. Das Fleisch, ohne es anzubraten, in die Sauce geben. Den Topf von der Herdplatte ziehen und gut rühren. Den Topf zwischendurch wieder auf die heiße Platte geben und weiterrühren. Die Saucentemperatur darf 65 °C nicht übersteigen. Das Fleisch beginnt an den Rändern weiß zu werden.

3 | Den Garvorgang nach ca. 4 Minuten abbrechen, bevor das Fleisch ganz durchgegart ist. Mit Schnittlauchröllchen garniert sofort auf vorgewärmten Tellern servieren.

Tipp
Mit dieser schonenden Zubereitungsart wird das Fleisch nicht gestresst und nimmt sogar Flüssigkeit auf.

Geschnetzeltes
von der Hähnchenbrust mit Datteln

- Obwohl die Fleischstücke etwas größer geschnitten sind, gehört dieses Gericht zur Gruppe B und wird à la minute zubereitet.

- Sie können dieses Gericht auch mit Schweinefleisch (Hüfte, Oberschale, Filet), Kalbfleisch (Oberschale), Rindfleisch (Oberschale, Hüfte) oder Putenfleisch zubereiten.

Zutaten

40 g getrocknete Aprikosen

10 Datteln, getrocknet, in Scheibchen geschnitten

1 EL dickflüssige, süße Sojasauce

2 EL Sojasauce

600 g Hähnchenbrustfilet, in ca. 2 cm große Würfel geschnitten

für die Sauce

50 g kleine Speckwürfel

1 Zwiebel, fein geschnitten (60 g)

3 EL Zucker

5 EL Essig

1/2 l Rotwein

1 TL Bratenfondpulver

50 ml Wasser

200 g Saucenrahm oder Sahne

2 EL Sojasauce

Zubereitung

1 | Die Aprikosen zusammen mit den Datteln in warmem Wasser einweichen.

2 | Die beiden Sojasaucen in einer Schüssel verrühren, die Hähnchenbrustwürfel hinzufügen, mit der Sauce vermengen und 1 Stunde ruhen lassen.

3 | Die Speckwürfel bei mittlerer Hitze im Topf andünsten, ohne dass sie braun werden, dann herausnehmen.

4 | Im gleichen Topf die Zwiebeln mit dem Zucker und 3 Esslöffeln Essig andünsten, Rotwein dazugeben und auf 150 ml einkochen lassen. Das Bratenfondpulver, Wasser, Saucenrahm oder Sahne, Sojasauce und den restlichen Essig unterrühren.

5 | Die Sauce aufkochen, Datteln und Aprikosen dazugeben. Die Hähnchenbrustwürfel dazugeben, den Topf von der Herdplatte ziehen und stetig gut rühren. Den Topf zwischendurch wieder auf die heiße Herdplatte geben und weiterrühren. Die Saucentemperatur sollte 65 °C nicht übersteigen.

6 | Den Garvorgang nach etwa 5 bis 7 Minuten beenden. Auf vorgewärmten Tellern servieren.

Tipp

Die Aprikosen können Sie durch die gleiche Menge Rosinen ersetzen, die Datteln auch gut durch getrocknete Feigen. Sie brauchen dann ca. 5 getrocknete Feigen.

Tipp

Die große Kunst bei dieser Herstellungsart liegt in der Temperatur – sie darf nur am Anfang hoch sein – und am rechtzeitigen Abbruch des Garprozesses. Denken Sie daran, dass das Fleisch in der heißen Sauce weitergart, auch wenn es auf dem Tisch steht.

Vietnamesischer
Rindfleischeintopf mit Gemüse

Zum Einstieg

• Dieses exotische Geschnetzelte gehört in die Gruppe D; das Fleisch wird in der Sauce punktgenau gegart und nicht angebraten.

• Wer in einer vietnamesischen Garküche zuschauen darf, mit welcher Eleganz und Geschwindigkeit Köstlichkeiten zubereitet werden, ist faszinierend. Jedes Gericht wird einzeln frisch gegart, an einem Wok arbeitet eine Person und alle 110 bis 120 Sekunden ist ein herrlich mundendes Gericht fertig. Das Geheimnis liegt in den sehr frischen Zutaten, welche fein zerkleinert werden und deshalb schnell gar sind. Ideal ist es, wenn Sie für dieses Gericht einen Gemüsehobel haben.

• Ich verzichte auf die traditionelle Fischsauce und verwende Sojasauce.

Zutaten

3 EL Sojasauce

1 TL Speisestärke

600 g Hähnchenbrust, von Hand geschnetzelt

2 EL Olivenöl

100 g Möhren, in kleine, feine Stäbe geschnitten

2 Zwiebeln, (120 g) in feinste Streifen geschnitten

1 kleine Stange Lauch, in feinste Streifen geschnitten

250 g Chinakohl, in feinste Streifen geschnitten

1 kleine Dose Maiskörner

1 Tomate, in Würfel geschnitten

2 EL Reisessig oder Obstessig

2 EL dickflüssige, süße Sojasauce

Salz

schwarzer Pfeffer, frisch gemahlen

1 EL Korianderblättchen, gehackt, oder Schnittlauchröllchen

Zubereitung

1 | Die Sojasauce mit der Speisestärke in einer Schüssel mischen. Die Hähnchenbrust dazugeben und eine Stunde ruhen lassen.

2 | In einer großen Bratpfanne jeweils etwas Olivenöl erhitzen, Möhren, Zwiebeln, Lauch und Chinakohl nacheinander andünsten und bissfest garen.

3 | Die Maiskörner, die Tomatenwürfel, den Essig und die Sojasauce hinzufügen, mit Salz und schwarzem Pfeffer abschmecken und alles nochmals zum Kochen bringen.

4 | Die Sauce von der Herdplatte ziehen, das marinierte Fleisch dazugeben, ständig rühren und bei mittlerer Hitze kurz garen, bis sich die Farbe verändert. Die Temperatur der Sauce sollte 65 °C nicht übersteigen.

5 | Zuletzt den Koriander oder Schnittlauch darüber streuen und das Gericht in vorgewärmte Suppenteller füllen. Als Beilage ist Basmati- oder Duftreis am besten geeignet.

Tipp

Sie können dieses Gericht auch mit zartem Schweinefleisch (Hüfte, Oberschale, Filet), Kalb (Oberschale) oder Rind (Oberschale, Hüfte) zubereiten.

Geschnetzeltes
vom Hähnchen in Gorgonzolasauce

Zum Einstieg

• Das magere und zarte, fettfreie Fleisch für ein Geschnetzeltes nicht anzubraten ist die heikelste, aber auch interessanteste Zubereitungsart, weil der Genuss viel höher ist (Seite 90, Punkt B)

• Der Ablauf lässt sich in zwei Abschnitte unterteilen: Die Sauce können Sie fix und fertig vorbereiten, die Fertigstellung erfolgt aber erst unmittelbar vor dem Essen.

• Dieses Geschnetzelte können Sie mit Fleisch vom Schwein, Rind, Kalb, Lamm, Wild und Geflügel machen, vorausgesetzt, dass es mager und zart ist.

Zutaten

100 ml trockener Weißwein

100 ml Bouillon

1 EL Bratenfondpulver

100 ml Milch

50 g Gorgonzola

100 g Sahne

schwarzer Pfeffer, frisch gemahlen

Streuwürze

600 g Hähnchenbrust, frisch geschnetzelt

2 EL Schnittlauchröllchen oder frische Kräuter

Zubereitung

1 | Weißwein und Bouillon in einen Topf geben und bei schwacher Hitze auf die Hälfte einkochen lassen. Bratenfondpulver und Milch hinzufügen und aufkochen lassen.

2 | Gorgonzola dazugeben und glatt rühren. Die Sahne unterrühren und die Sauce mit Pfeffer und Streuwürze abschmecken. Dicklich einkochen lassen und die Konsistenz prüfen.

3 | Das Hähnchengeschnetzelte leicht würzen. Die Sauce aufkochen, das Fleisch ohne anzubraten unterrühren. Den Topf von der Herdplatte ziehen und gut und stetig rühren. Den Topf dazwischen wieder auf die heiße Herdplatte geben und weiter rühren. Die Saucentemperatur darf 65 °C nicht übersteigen. Das Fleisch beginnt an den Rändern weiß zu werden.

4 | Das Fleisch etwa 3 bis 4 Minuten in der heißen, nicht kochenden Sauce garen. Auf vorgewärmten Tellern servieren, den Schnittlauch dekorativ darüber streuen.

Tipp

Servieren Sie dazu schwarze Nudeln (wenn Sie diese nicht bekommen können, sind helle Nudeln natürlich eine gute Alternative) und einen Feld- oder Rucolasalat.

Geschnetzeltes
vom Rind weichgeschmort

Zum Einstieg

- Dieses Geschnetzelte wird mit Flüssigkeit abgelöscht und gehört deshalb zur Gruppe A.

- Wenn Fleisch mit einer Flüssigkeit in Berührung kommt, wird es sofort hart und muss anschließend weich gekocht werden. Das gilt nicht nur Wein oder Cognac, die hinzugefügt werden. Die Flüssigkeit kann auch fleischeigener Saft sein, der herausläuft, wenn zu viel Fleisch in die Bratpfanne gegeben wird oder wenn die Bratpfanne nicht heiß genug ist. Fleischeigener Saft bildet sich auch, sobald Salz oder Streuwürze zugegeben wird.

- Dieses Gericht können Sie mit jedem Fleisch zubereiten, wobei Sie die Kochzeit anpassen müssen.

- Anstelle von Rotwein können Sie auch Weißwein verwenden.

Zutaten

1 EL Olivenöl

600 g mageres, sehnenarmes Rindergulasch, geschnetzelt

4 große Zwiebeln, fein geschnitten

3 Knoblauchzehen, fein gehackt

Salz

schwarzer Pfeffer, frisch gemahlen

Paprikapulver

1/2 TL Zucker

1/2 l Rotwein

Konzentrat für 1/2 l Bouillon

100 g Sahne

Zubereitung

1 | Das Öl erhitzen und das Fleisch portionsweise anbraten.

2 | Die Zwiebeln und den Knoblauch dazugeben und andünsten. Mit Salz, Pfeffer, Paprika und Zucker würzen und mit Rotwein ablöschen. Das Konzentrat für die Bouillon unterrühren, das Fleisch hinzufügen und bei schwacher Hitze 90 Minuten ohne Deckel garen. Die Sauce sollte auf die Hälfte eingekocht sein.

3 | Die Sahne einrühren, die Sauce aufkochen lassen und das Geschnetzelte auf vorgewärmten Tellern servieren.

Verzichten Sie der Hygiene und der Sicherheit zuliebe auf den Einkauf von Gewürzen im Ausland.

Geschnetzeltes
aus tiefgekühltem Schweinefleisch

Zum Einstieg

• Nicht nur fettarm, auch praktisch ist dieses Gericht, weil die Schnitzel aus dem Tiefkühlvorrat kommen (Seite 90, Punkt C).

• Fett ist Geschmacksträger und daher beim Fleisch und bei der Zubereitung der Sauce sehr wichtig. Trotzdem sollte mit Fett sparsam umgegangen werden.

• Eine Sauce zuletzt mit etwas Sahne – das ist ja auch Fett – zu verfeinern verbessert ihren Geschmack und erhöht den Genuss. Dass es aber auch ohne Fett geht, möchte ich mit diesem Gericht zeigen. Ab und zu bewusst auf Fett zu verzichten und trotzdem zu genießen ist möglich.

• Verzichten Sie beim Abpacken von frisch marinierten Produkten auf Alufolie. Besser ist es, Sie verwenden Tiefkühlbeutel.

Zutaten

4 Schweineschnitzel à ca. 150 g von der Oberschale, tiefgekühlt

2 EL säurehaltige Gewürzpaste (Seite 18)

200 ml Bouillon

80 g Kartoffel, frisch gerieben

200 ml Milch

100 g Champignons, in Scheiben geschnitten

1 Msp. Chilipulver

1 TL Thymianpulver

1 TL Paprikapulver

3 EL Ketchup

2 EL Schnittlauchröllchen

schwarzer Pfeffer, frisch gemahlen

Streuwürze

2 EL Olivenöl

Zubereitung

1 | Die Schweineschnitzel im Kühlschrank auftauen lassen und rundum mit säurehaltiger Gewürzpaste bestreichen.

2 | Die Bouillon aufkochen, die geriebene Kartoffel in die Flüssigkeit geben und diese auf die Hälfte einkochen lassen. Milch hinzufügen, aufkochen lassen. Die Champignons unterrühren und Chilipulver, Thymian, Paprika, Ketchup und Schnittlauch dazugeben, mit Pfeffer und Streuwürze abschmecken. Sauce auf die richtige Konsistenz einkochen lassen.

3 | Das Öl erhitzen, die Schnitzel auf beiden Seiten je 1 Minute anbraten. Sie müssen im Innern noch roh sein. Herausnehmen und noch heiß in größere Streifen schneiden. Die Streifen in die Sauce geben, gründlich und stetig rühren, nicht mehr kochen lassen.

4 | Das Fleisch etwa 4 bis 5 Minuten in der heißen, nicht kochenden Sauce ziehen lassen. Auf vorgewärmten Tellern servieren.

Tipp

Sie können für dieses Gericht natürlich auch frische Schnitzel verwenden. Die Sorte Paprikapulver wählen Sie in der gewünschten Schärfe nach Ihrem Geschmack.

Gerichte,

die auch gut schmecken

Die in diesem Kapitel zusammengefassten Gerichte lassen sich nicht ohne Weiteres in unsere Zubereitungsgruppen einordnen, weil sie eine Mischung von verschiedenen Garmethoden erfordern. Die Praxis zeigt aber, dass sie sehr beliebt sind. Auch ich finde sie kulinarisch sehr interessant, habe dazu aber vielleicht eine etwas andere Lösung für ihre Zubereitung entwickelt. Eine ganze Gans, Ente oder junge Pute ist ein kulinarisches Unding, weil bei dieser Zubereitungsart kein optimaler Genuss erzielt werden kann. Ein Schweinefilet im Teigmantel ergibt, falsch behandelt, gesottenes Schweinefleisch, das nur mittelmäßig gut ist. Ein selbst hergestellter Hamburger kann eine Delikatesse sein, verlangt aber nach einer sorgfältigen Herstellungsweise, weil er aus leicht verderblichem Hackfleisch und so eine Fleischware ist.

Gans, Ente und junge Pute

Gänse, Enten oder junge Puten – besonders wenn sie gefüllt und gebraten werden – sind in verschiedener Hinsicht problematische Produkte.

Einerseits müssen diese Tiere aus hygienischen Gründen durchgegart werden, andererseits haben sie ganz unterschiedliche Muskeln, die auch einer unterschiedlichen Zubereitung bedürfen.

Auch Geflügelfleisch ist, wie alle Fleischsorten, im Zentrum steril. Sobald der Saft beim Garen klar aus der Bauchhöhle läuft, ist das Fleisch gar und die Hygienerisiken beseitigt. Wird ein ganzer Vogel gefüllt gebraten, so muss im Kern der Füllung eine Temperatur von 65 °C erreicht werden. Dafür wird sehr viel Hitze von außen benötigt, die im Fleisch zu großen Spannungen und damit zu einer Genussminderung führt.

Frische Kräuter sind der Farbtupfer jedes Gerichts. Haben Sie Mut und variieren Sie die Rezepte mit Ihren Lieblingskräutern. Jede Saison bietet eine große Auswahl.

Mit ganzen Tieren können Sie keinen optimalen Genuss erzielen. Zerlegen Sie das Tier und Sie werden staunen, wie köstlich die einzeln zubereiteten Fleischstücke schmecken.

Deshalb schlage ich Ihnen eine ganz andere Lösung vor:

Zerlegen Sie das Geflügel und bereiten Sie verschiedene Gerichte daraus zu, Sie werden Genuss pur erleben! Die hier beschriebenen Arbeiten sollten Sie am Vortag erledigen.

Ausgangsprodukt

6 kg Gans, junge Pute oder Ente (2 Stück)

Zerlegen:

Schneiden Sie vom Tier zuerst die Keulen weg, indem Sie diese leicht nach außen drehen und am Gelenk trennen. Nun die Knochen des Ober- und Unterschenkels herauslösen, das Fleisch mit der Haut in Ragoutstücke schneiden. Dieses Schenkelfleisch garen Sie à la Bourguignonne auf sanfte Art in einer Rotweinsauce (Seite 110).

Lösen Sie jetzt die beiden Brustfilets von der Karkasse und entfernen Sie große Fettteile. Schneiden Sie die Brustfilets in Form und zer-kleinern Sie die Abschnitte. Bereiten Sie die Brustfilets als Magret de Canard mit einer Orangensauce zu (Seite 112).

Lösen Sie größere Fettstücke und überschüssige Haut von der Karkasse, schneiden Sie sie fein und lassen sie zusammen mit den anderen Abschnitten in einer Bratpfanne bei mittlerer Hitze auslaufen. Das Fett können Sie später für die Zubereitung von Gemüse nutzen. Die verbleibenden Grieben können Sie würzen und beispielsweise über einen Salat geben.

Die Karkasse wird mit Gemüse ausgekocht und aus den vielen wertvollen Fleischstücken wird eine Terrine gemacht. Diese servieren Sie als delikate Vorspeise (Seite 114).

Geben Sie die Bouillon durch ein Sieb und reduzieren Sie sie auf die gewünschte Menge. Verfeinern Sie Ihre Suppe nach Lust und Laune mit etwas Schnittlauch und Portwein.

Hamburger

De-luxe-Zubereitung

Zum Einstieg

• Für mich ist ein selbst hergestellter Hamburger eine richtige Delikatesse.

• Wenn Sie aber Hamburger nur in kleinen Portionen zubereiten, so haben Sie viel Aufwand, viele Umtriebe und wenig Genuss, weil die optimale Herstellung schwierig ist.

• Deshalb mache ich Hamburger in großen Mengen und profitiere in verschiedenster Hinsicht.

• Ich verwende aus hygienischen Gründen Gewürze in Pulverform.

• Dieses Verfahren ermöglicht es, die Hamburger gleichmäßig zu braten – eine wichtige Voraussetzung für den Genuss.

Tipp

Erfolgt die Zubereitung der Hamburger auf dem Grill, so stabilisiere ich die Brätmasse in der Bratpfanne kurz und gebe ganz wenig Öl auf die Oberfläche, damit die Hamburger nachher nicht am Rost kleben.

Zutaten

300 g trockenes Brot oder feine Haferflocken

2 große Zwiebeln, fein gehackt

5 Knoblauchzehen, fein gehackt

1 EL Olivenöl

60 g Salz

6 ganze Eier

18 g Streuwürze

8 g schwarzer Pfeffer

6 g Paprikapulver

6 g Rosmarinpulver

6 g Thymianpulver

6 g Basilikumpulver

6 kg Rinder-Hackfleisch

Zubereitung

1 | Getrocknetes Brot oder Haferflocken in heißem Wasser 10 Minuten quellen lassen und anschließend gut ausdrücken.

2 | Zwiebeln und Knoblauch in Olivenöl mit wenig Salz bestreut weich dünsten.

3 | Zwiebeln, Knoblauch, Brot, Eier, Salz und Gewürze dazugeben und mit der Küchenmaschine gut vermengen. Alles zum Fleisch geben und sehr gut durchkneten. Die entstehende Masse sollte zwischen den Fingern kleben.

4 | Je ungefähr 800 g Brätmasse in Cake- oder Aluformen kompakt einfüllen und für einen halben Tag in den Kühlschrank stellen.

5 | Formen in das Tiefkühlfach stellen. Tags darauf stürzen und das Fleisch in Tiefkühlbeuteln verpacken.

6 | Den Hamburgerblock am Vorabend des Verzehrs aus dem Tiefkühlfach nehmen und in den Kühlschrank geben. Am Morgen können Sie mit einem Messer 4 gleich dicke Portionen schneiden.

7 | Dieses Edelprodukt sollten Sie wie ein Steak nicht ganz durchbraten.

Hähnchen-minifilets

Zum Einstieg

• Das Minifilet wird noch nicht überall angeboten. Aber wenn Sie die Hähnchenbrust selbst zuschneiden, wissen Sie ja bereits, dass das kleine Filet lose abfällt. Es an der Hähnchenbrust zu belassen ist schade, separat behandelt ist der kleine Muskel ein kulinarisches Gedicht!

• Sie können aus Hähnchenminifilets vielerlei zubereiten, für mich kommen sie als Beilage auf einem Salat am besten zur Geltung.

• Erhöhen Sie die Fleischmenge, wenn Sie aus diesem Gericht eine vollwertige Mahlzeit machen wollen.

Zutaten

8 Hähnchenminifilets à ca. 30 g

20 g Butter

Streuwürze

schwarzer Pfeffer, frisch gemahlen

3 EL Aceto Balsamico

Salat nach Wahl

Zubereitung

1 | Tauen Sie die tiefgekühlten Minifilets rechtzeitig im Kühlschrank auf. Sorgen Sie dafür, dass der Hähnchensaft die Umgebung nicht kontaminiert.

2 | Die Minifilets mit kaltem Wasser abspülen und mit Küchenpapier trocknen.

3 | Die Butter schmelzen lassen und die Hähnchenminifilets bei kleinster Hitze so kurz braten, dass die Butter nicht braun wird.

4 | Würzen Sie die Minifilets mit Streuwürze und schwarzem Pfeffer. Auf Tellern warm halten.

5 | Den Bodensatz der Pfanne mit Aceto Balsamico ablöschen, gut verrühren. Die Minifilets auf einem Salat anrichten und den Aceto Balsamico darüber verteilen.

Tipp

Hähnchenminifilets sind das einzige Fleisch, bei dem ich frische Butter verwende, die allerdings keine Farbe annehmen darf. Achten Sie auf einen knappen Garpunkt, da Minifilets besonders schnell trocken werden. Die Zubereitung erfolgt erst, wenn die Gäste am Tisch sind.

Schweinefilet
im Teigmantel

• Ein Schweinefilet im Teig ist sehr beliebt, aber eigentlich ein kulinarisches Unding. Traditionell wird zusammen mit dem Fleisch eine Masse aus Brät, Pilzen und Speck in den Teig eingewickelt. Lauter Bestandteile mit viel Flüssigkeit, welche beim Garprozess unerwünschte Feuchtigkeit abgeben. Wer da nicht gut aufpasst und Sorge trägt, dass die Löcher im Teig nicht durch das Ei zugeklebt sind, erhält Gesottenes ... und das hat wenig mit Genuss zu tun.

• Die großen und freien Löcher im Teig sind auch bei meinem Rezept sehr, sehr wichtig.

• Kontrollieren Sie vor der ersten Benutzung des Backofens die Temperaturen auf Genauigkeit (Seite 20).

Zutaten

1 großes Schweinefilet von ca. 600 g oder 2 kleinere

2 EL säurehaltige Marinade (Seite 18)

2 EL frische Schnittlauchröllchen

4 EL getrockneter Schnittlauch

2 EL gehackte Petersilie

6 EL Herbes de Provence

2 Tropfen Tabasco

Streuwürze

schwarzer Pfeffer, frisch gemahlen

2 EL Cognac oder Rotwein

400 g Blätterteig, quadratisch ausgerollt

1 Ei, getrennt

Zubereitung

1 | Bestreichen Sie das Schweinefilet mit einer säurehaltigen Marinade und lassen Sie es zugedeckt über Nacht in der Küche stehen.

2 | Frischen und getrockneten Schnittlauch, die gehackte Petersilie, Herbes de Provence, Tabasco, etwas Streuwürze und Pfeffer mit Cognac oder Rotwein gut vermengen.

3 | Den Blätterteig zu einem backblechgroßen Viereck ausrollen. Das Schweinefilet darauflegen. Die Kräutermischung darüber und dicht um das Filet verteilen.

4 | Teigränder mit Eiweiß bestreichen. Das Filet in den Teig einrollen, der Verschluss sollte unten liegen. Die Enden mit einer Gabel gut schließen.

5 | Mit den Teigresten kleine Verzierungen machen und auf der Rolle anbringen. Mit einer Gabel große Löcher in den Teig stechen. Teigmantel mit Eigelb bestreichen, aber sicherstellen, dass die Löcher dabei offen bleiben.

6 | Das Backblech in den auf 190 °C vorgeheizten Backofen schieben und bis zu einer Kerntemperatur von 63 °C garen. (Bei Umluft dauert das ca. 30 Minuten.)

7 | Der Teig sollte am Ende der Garzeit schön goldbraun sein. Wenn die Farbe des Teiges noch nicht stimmt, Bräunung unterm Grill bei offener Backofentüre fortsetzen.

Schweinebraten
bayerische Art

Zum Einstieg

- Diese bayerische Spezialität ist ein Mittelding zwischen magerem Braten und Schmorbraten, was die Zubereitung betrifft. Das Fleisch sollte mit Dampf und Feuchtigkeit nicht gequält werden, die Schwarte würde ohne Flüssigkeit oder Dampf aber nicht genießbar. Ein richtiger Spagat also, den es zu vollziehen gilt.

- Zusätzlich kommt es darauf an, aus welchem Muskel und mit welchem Sehnenanteil der Braten geschnitten wurde. Aus der Schulter sollte die hintere dicke Sehne entfernt werden.

- Kaufen Sie den Braten möglichst 2 bis 3 Tage vor der Zubereitung, damit Sie es zu Hause nachreifen lassen können (Seite 17).

- Benutzen Sie einen Kerntemperaturmesser, damit der Braten richtig gelingt.

- Kontrollieren Sie vor der ersten Benutzung des Backofens die Temperaturen auf Genauigkeit (Seite 20).

Zutaten

1,2 kg Schweinebraten von der Schulter, mit Schwarte

4 EL säurehaltige Gewürzpaste (Seite 18)

1 EL Butterschmalz

300 g Zwiebeln, klein gewürfelt

100 g Möhren, klein gewürfelt

100 g Sellerie, klein gewürfelt

100 g Lauch, klein geschnitten

2 Knoblauchzehen, fein gehackt

1 Stück Würfelzucker

1 TL Kümmel, ganz oder gemahlen

1 TL schwarzer Pfeffer, frisch gemahlen

1 Bouillonwürfel

1/2 l Bier

100 ml Bratenfond

1 kleine Kartoffel, geschält und gerieben

Zubereitung

1 | Sofort nach dem Einkauf das Fleisch mit kaltem Wasser abspülen und mit Küchenpapier trocknen. Es sollten weder Knorpel noch knorpelige Knochenhaut am Braten sein. Mit 2 Esslöffeln Gewürzpaste rundherum einreiben und abgedeckt für 2 bis 3 Tage an einen kühlen Ort bei 12 bis 15 °C stellen.

2 | Etwas Butterschmalz erhitzen, die Zwiebeln darin andünsten, alle Gemüse und den Knoblauch hinzufügen und ebenfalls mitdünsten. Zucker, Kümmel, Pfeffer, Bouillonwürfel sowie 400 ml Bier unterrühren und 10 Minuten köcheln lassen.

3 | Alles in eine feuerfeste Form füllen. Diese sollte etwa 2 cm hoch gefüllt sein. Das Fleisch mit der Schwarte nach unten in die Form auf das Gemüse legen. Die Form auf dem Rost auf die mittlere Schiene des Backofens schieben und bei 130 °C etwa 30 Minuten garen lassen, bis die Schwarte weich ist.

4 | Fleisch aus der Form nehmen. Die Flüssigkeit in einen Topf gießen und die Backofentemperatur auf 80 °C reduzieren (Türe kurz öffnen). Die Schwarte mit einem scharfen Messer kreuzweise alle 2 cm einschneiden.

5 | Den Braten nochmals mit der restlichen Gewürzpaste bestreichen, mit der Schwarte nach oben auf einen Rost legen und auf die mittlere Schiene des Backofens schieben. Den Kerntemperaturmesser ins Fleisch stechen. Eine feuerfeste Form unter den Rost stellen, um den auslaufenden Saft aufzufangen. Den Braten bei 80 °C Backofentemperatur garen, bis er die Kerntemperatur von 60 °C erreicht hat.

6 | Schalten Sie nun den Backofen auf Grill und bräunen Sie den Schweinebraten bei offener Backofentüre, bis die gewünschte Farbe erreicht und die Schwarte knusprig ist. Die Kerntemperatur sollte am Ende dieses Prozesses nicht höher als 65 °C sein. Reduzieren Sie die Backofentemperatur auf 60 °C (Türe öffnen) und lassen Sie den Braten noch 1/2 bis 1 Stunde ruhen.

7 | Das restliche Bier zur Sauce geben, den Bratenfond und die Kartoffel unterrühren. Die Sauce auf ca. 300 Milliliter einkochen. Das Gemüse dazugeben und alles mit Pfeffer und Salz abschmecken.

8 | Das Fleisch aufschneiden. Saucenspiegel auf vorgewärmte Teller geben, das Fleisch darauf setzen und servieren.

Kasseler

mit Kartoffel-Gemüse-Salat

- Dank der richtigen Kerntemperatur bleibt viel Wasser im Fleisch. Deshalb ist es samtweich und ergibt zusammen mit dem Salat ein bodenständiges und beliebtes Gericht.

- Dieses Gericht stellt an den Zeitplan keine großen Anforderungen. Kasseler kann bei 60 °C in Wasser eine Stunde aufbewahrt werden, wenn Sie einen halben Bouillonwürfel ins Wasser geben.

- Das gekochte Kasseler kann kalt hervorragend als Schinken verwendet werden.

Zutaten

2 EL Olivenöl

200 g Möhren, in größere Stücke geschnitten

200 g Knollensellerie, in größere Stücke geschnitten

200 g Zwiebeln, grob geschnitten

200 g Lauch, geschnitten

1 Stück Würfelzucker

1 Lorbeerblatt

2 Gewürznelken

4 Wacholderbeeren

1 l Bouillon

100 ml kaltes Wasser

1 kg Kasseler oder Schweinenacken, geräuchert

600 g festkochende Kartoffeln, geschält

2 TL Dijonsenf

2 EL Sauerrahm

1 EL Weißweinessig

Zitronenpfeffer

Streuwürze

frische Kräuter nach Belieben

Zubereitung

1 | Das Öl in einem Topf erhitzen, alle Gemüse darin andünsten. Würfelzucker, alle Gewürze und 1/2 Liter Bouillon dazugeben und 7 Minuten köcheln lassen.

2 | 400 ml Bouillon hinzufügen und zum Kochen bringen. Den Topf von der Herdplatte ziehen, das kalte Wasser dazugeben, damit die Temperatur der Bouillon auf ca. 90 °C sinkt.

3 | Das Fleisch in die Flüssigkeit geben, den Kerntemperaturmesser ins Fleisch stechen. Den Topf schließen und wieder auf die Herdplatte stellen. Die Temperatur der Flüssigkeit sollte jetzt zwischen 75 und 85 °C liegen.

4 | Nach 20 Minuten die Hitze auf das Minimum einstellen und die Temperatur periodisch kontrollieren, bis das Kasseler die Kerntemperatur von 65 °C erreicht hat. Garen Sie das Gericht tagsüber, damit die Überwachung der Temperatur möglich ist.

Tipp

Achten Sie auch bei diesem Gericht genau auf die Einhaltung der Kerntemperaturangaben. Wenn die Kerntemperatur über 65 °C steigt, beginnt das Fleisch schnell trocken zu werden, was natürlich mit einem Genussverlust einhergeht.

5 | Die Kartoffeln garen, in warmem Zustand pellen und in Scheiben schneiden.

6 | Die Gemüsestücke aus der Bouillon nehmen, wenn nötig etwas kleiner schneiden und zu den Kartoffeln geben.

7 | Aus Senf, Sauerrahm und Weinessig eine dickflüssige Sauce zubereiten. Die restliche heiße Bouillon über die Kartoffeln gießen und behutsam verrühren. Die Sauce darunter ziehen, mit Zitronenpfeffer und Streuwürze abschmecken. Frische Kräuter darüber geben und servieren.

8 | Das Kasseler in Scheiben schneiden und mit dem Kartoffel-Gemüse-Salat servieren.

Geflügelragout

à la Bourguignonne

Zum Einstieg

• Dieses Gericht können Sie natürlich auch mit Rindfleisch zubereiten.

• Das kräftige Schenkelfleisch bedarf einer viel längeren Zubereitung als das Brustfilet. »Lange, dafür sanft« ist auch hierfür die richtige Devise.

Zutaten

100 g geräucherter Bauchspeck, in Scheiben geschnitten

1 kg Geflügelschenkelfleisch mit Haut, ohne Sehnen, in ca. 50 g schwere Ragoutstücke geschnitten

20 g Butter

200 g Zwiebeln, fein gehackt

200 g Möhren, fein geschnitten

2 Knoblauchzehen, fein gehackt

1 Msp. Thymianpulver

1 Msp. Majoranpulver

3 Gewürznelken

1 Bouillonwürfel

3/4 l kräftiger Rotwein

100 ml kaltes Wasser

schwarzer Pfeffer, frisch gemahlen

Streuwürze

200 g Perlzwiebeln, aus dem Glas

400 g Champignons, in Scheiben geschnitten

2 EL Schnittlauchröllchen

Zubereitung

1 | Die Bauchspeckscheiben in einer Bratpfanne knusprig braten und wieder herausnehmen.

2 | Die Fleischstücke auf der Hautseite im Bauchspecköl gut anbraten und ebenfalls wieder herausnehmen.

3 | Die Hälfte der Butter schmelzen, alle Gemüse darin andünsten, die Gewürze und den Bouillonwürfel hinzufügen, den Rotwein angießen, alles gut verrühren und zum Kochen bringen.

4 | Den Topf von der Herdplatte nehmen, das kalte Wasser in die Brühe gießen, damit die Temperatur auf ca. 90 °C sinkt. Geflügelfleischstücke in den Topf geben und zudecken. Den Topf wieder auf die Herdplatte stellen. Die Temperatur der Flüssigkeit sollte jetzt zwischen 75 und 85 °C liegen. Nach 30 Minuten die Hitze auf das Minimum einstellen und die Temperatur periodisch kontrollieren. Garen Sie das Gericht tagsüber, damit die Überwachung möglich ist. Bei einer idealen Temperatur der Flüssigkeit von 80 °C rechne ich mit einer Gardauer von etwa 8 Stunden. Bei 85 °C geht es bedeutend schneller!

5 | Das Geflügelragout ist dann gar, wenn Sie mit der Stricknadel ganz leicht ins Fleisch stechen können. Die Fleischstücke in der Flüssigkeit abkühlen lassen.

6 | Anderntags die Geflügelstücke aus der Flüssigkeit nehmen und im Backofen bei 60 °C während 1 Stunde erwärmen.

7 | Die Flüssigkeit in einem separaten Topf ohne Gewürznelken zum Kochen bringen und etwas einkochen lassen. Mit Pfeffer und Streuwürze abschmecken, gewünschte Konsistenz erstellen.

8 | Die Perlzwiebeln ganz kurz in kochendes Wasser geben.

9 | Restliche Butter erhitzen, die Champignons darin andünsten, mit den Perlzwiebeln in die Sauce geben und die Fleischstücke unterheben. Nochmals kurz aufkochen lassen. Auf gut vorgewärmten Tellern schön anrichten und mit den Speckscheiben und Schnittlauch garnieren.

Entenbrustfilets
à l'Orange

Zum Einstieg

- Die Gänse-, Enten- oder jungen Putenbrüste sind sehr delikate Muskeln, die auf zu viel Hitze sehr nachteilig reagieren und trocken werden.

- Benutzen Sie einen Kerntemperaturmesser, damit das Gericht richtig gelingt.

- Kontrollieren Sie vor der ersten Benutzung des Backofens die Temperaturen auf Genauigkeit (Seite 20).

- Stellen Sie eine feuerfeste Schale unter den Rost, um das auslaufende Fett aufzufangen.

Zutaten

2 Gänse-, Enten- oder Putenbrüste mit Haut

2 EL säurehaltige Gewürzpaste (Seite 18)

150 ml Orangensaft

abgeriebene Schale von 1/2 unbehandelten Orange

50 ml Cointreau

1 EL Bouillonpulver

1 EL Bratenfondpulver

200 g Sahne

Streuwürze

schwarzer Pfeffer, frisch gemahlen

Zubereitung

1 | Die Brustfilets mit der Gewürzpaste rundherum bestreichen und zugedeckt über Nacht in der Küche stehen lassen.

2 | Stellen Sie den Backofen auf 80 °C ein. Legen Sie das Fleisch mit der Hautseite nach oben auf einen Rost und schieben diesen in die Mitte des Backofens. Garen Sie die Filets, bis die Kerntemperatur von 52 °C erreicht ist.

3 | Die Brustfilets in dem ausgelassenen Fett beidseitig kurz anbraten. Beginnen Sie mit der Hautseite und braten Sie diese etwas stärker an.

4 | Die Backofentemperatur auf 55 °C (Türe öffnen) reduzieren, die Brustfilets zurück in den Backofen geben und 30 bis 60 Minuten ruhen lassen.

5 | Den Orangensaft mit der –schale und dem Cointreau auf die Hälfte einkochen lassen. Bouillonpulver, Bratenfondpulver und Sahne zugeben und aufkochen lassen. Mit Streuwürze und Pfeffer abschmecken.

6 | Die Geflügelbrust in schöne Scheiben schneiden. Etwas Sauce als Spiegel auf vorgewärmte Teller geben, die Filetscheiben darauf verteilen und heiß servieren.

Geflügelterrine
mit Mais und Pimientos

Zum Einstieg

- Diese Verarbeitungsart ermöglicht es, alle Bestandteile des Tieres sehr sinnvoll zu verwerten. Die Ausbeute wird dadurch um ein Vielfaches größer.

- Selbstverständlich können Sie das Fleisch hierfür auch separat einkaufen.

Zutaten

Geflügelkarkasse und alles restliche Fleisch, grob zerkleinert, mit Haut

2 l Geflügelbouillon

2 Möhren, längs geteilt

250 g Sellerie, in große Stücke geschnitten

150 g Lauch, in breite Scheiben geschnitten

250 g Maiskörner (aus der Dose)

150 g Pimientos (Pfefferschoten, geschält, aus dem Glas)

Sülzenpulver

4 EL Schnittlauchröllchen

2 EL Portwein

Zubereitung

1 | Die Karkasse samt Flügeln grob zerkleinern, mit 2 Liter kalter Geflügelbouillon in einen großen Topf geben und zum Kochen bringen. Möhren, Sellerie und Lauch hinzufügen, bissfest garen und herausnehmen.

2 | Die Karkasse weitere 3 Stunden köcheln lassen, dann herausnehmen und alles Fleisch ablösen. Die losen Fleisch- und Hautstücke auf Knochensplitter kontrollieren.

3 | Eine Kastenform mit Folie auslegen, den Mais abspülen und mit den Gemüsen und den Pimientos in Längsrichtung mit dem Fleisch in die Form schichten. Dazwischen Sülzenpulver und Schnittlauch streuen. Auf Wunsch mit Portwein begießen. Die Form auf den Tisch klopfen, damit der Inhalt schön kompakt wird und absinkt. 100 Milliliter von der Geflügelbrühe mit Sülzenpulver binden und über die Terrine gießen.

4 | Die Terrine kalt stellen und anderntags in Scheiben schneiden.

Tipp

Aus der Brühe lässt sich eine köstliche Geflügelconsommé zubereiten. Die Brühe durch ein Sieb oder Tuch passieren, 30 ml Sherry unterrühren, abschmecken, eventuell mit Salz und Pfeffer nachwürzen. In vorgewärmte Suppentassen geben und mit Schnittlauchröllchen bestreut servieren.

Fisch –
besonders fein, wenn zart gegart

Kein Zweifel, Fisch bietet viel Abwechslung für den Speisenplan und ist bekanntermaßen auch noch sehr gesund. In den letzten Jahren hat die Fischzucht große Fortschritte gemacht, so dass die Überfischung der Meere weniger ein Argument gegen Fischverzehr ist.

Qualität, die aus der Kälte kommt

»Der frischeste Fisch ist der tiefgekühlte Fisch«, diese Aussage ist für mich noch immer gültig. Das Tiefkühlen der Fische erfolgt unmittelbar nach dem Fang und unter Einsatz der idealsten Methode; die optimale Frische ist gewährleistet. Das Meer oder die Fischzucht liegt nicht überall vor der Haustüre und der Frischeabbau geht bei Fisch besonders schnell vonstatten. Zudem ist es sehr praktisch, nur die benötigte Menge Fisch aus dem Tiefkühler nehmen zu können.

Frischfisch kommt in unseren Breitengraden erstaunlich schnell in die Verkaufsstellen, weil die Verteilung auf einem hervorragenden Niveau funktioniert. Das ist nötig, weil Fisch an die Aufbewahrung sehr hohe Anforderungen stellt. Nur wenn der Fisch von einer lückenlosen Kühlkette bei maximal 2 °C profitiert, kann Freude daran entstehen. Aber auch das nur kurz, weil der Frischeabbau sehr schnell vorangeht.

Wenn Sie frischen Fisch kaufen, sollten Sie ihn an der kältesten Stelle im Kühlschrank aufbewahren, diese befindet sich ganz unten. Frischfisch verdirbt bei 5 °C doppelt so schnell wie bei 0 °C. Wenn Sie ihn nicht am gleichen Tag zubereiten können, legen Sie ihn für 3 Stunden in den Tiefkühler, damit Sie den Temperaturverlust durch den Heimtransport auffangen können und der Fisch im Kern möglichst kalt ist.

Verwenden Sie Fischfilets, sie lassen sich gleichmäßig und punktgenau garen.

Kaufen Sie Lachsfilets vom Schwanzstück, diese haben im Rückenteil keine lästigen Gräten.

Ich bevorzuge aus verschiedenen Gründen Fischfilets: Ich kann sie beim Garen viel exakter behandeln, die gewünschte Menge ist einfacher zu portionieren, die lästigen Gräten sind hoffentlich weg und man kann sofort mit dem Essen beginnen. Wenn ich zuschaue, wie Leute einen ganzen Fisch inmitten der Zutaten und der Sauce »zerlegen« und beim Essen mühsam die restlichen Gräten herausfiltern, so verstehe ich, dass Fisch nicht von allen Menschen gleichermaßen geschätzt wird.

Fischfilets haben, wenn sie frisch sind, ein festes und elastisches Fleisch, die Oberfläche ist glatt und hat einen schimmernden Glanz. Die allermeisten Fische riechen frisch neutral, das unbeliebte »Fischaroma« stammt vom nicht mehr ganz frischen Fischsaft.

Fisch wird in unseren Breitengraden bei viel zu hohen Temperaturen und viel zu lange gegart. Dies ganz im Gegensatz zu den Japanern, welche Fisch häufig roh verzehren. Machen Sie einen Versuch und reduzieren Sie bei Ihren Lieblingsfischrezepten die Gardauer. Wundern Sie sich nicht, wenn Sie plötzlich mit einem Drittel der Garzeit auskommen. Solcher Fisch mundet hervorragend und die Qualität des Fisches wird noch besser spürbar. Starten Sie mit der Fischsuppe auf Seite 122 und Sie werden ein tolles kulinarisches Erlebnis haben.

Beachten Sie folgende Punkte:

Auch hier gilt, das Bratgut nicht kalt aus dem Kühlschrank in die Pfanne oder auf den Grillrost zu legen. Lagern Sie den Fisch zuvor etwas bei Küchentemperatur.

Falls Sie den Fisch grillen möchten, ölen Sie Rost und Bratgut sehr gut ein, damit dieses nicht festklebt.

Verzichten Sie auf den Einsatz von Alufolie, weil der Fisch darin dampfgart. Schützen Sie das Bratgut lieber mit geräuchertem Schinken.

Seeteufel
mit Avocado und Oliven

Zum Einstieg

• Seeteufel hat köstliches kompaktes Fleisch um den Rückenknochen. Die feinen Gräten wie bei vielen anderen Fischen finden Sie hier nicht.

• Dieser köstliche Fisch verträgt einiges dank seiner festen Struktur und Beschaffenheit.

• Dieses Gericht ist eine ausgezeichnete Vorspeise, die, mit etwas mehr Fisch, auch ein leichtes Mittagessen ergibt.

• Jeder andere Fisch ist für diese Zubereitungsart auch geeignet.

Zutaten

2 reife Avocados, halbiert und in feine Scheiben geschnitten

1 TL Zitronensaft

2 Tomaten, in Scheiben geschnitten

Streuwürze

schwarzer Pfeffer, frisch gemahlen

40 g Butterschmalz

250 g Seeteufel, in 8 Scheiben geschnitten

3 EL Weinessig

2 EL frische Rosmarinnadeln, fein gehackt

1 Msp. Zucker

1 EL abgeriebene Zitronenschale (unbehandelt)

2 EL schwarze Oliven, entkernt, fein gehackt

Zubereitung

1 | Die Avocados schuppenartig auf 4 Teller verteilen. Mit wenig Zitronensaft bestreichen, damit sie nicht dunkel anlaufen. Die Tomatenscheiben ebenfalls schuppenartig über den Avocadoscheiben verteilen und mit Streuwürze und Pfeffer würzen.

2 | Das Butterschmalz in einer Bratpfanne schmelzen, die Fischscheiben nach und nach darin kurz knapp weich garen und warm stellen.

3 | Den Bratensatz mit Weinessig und etwas Wasser ablöschen. Rosmarin, Zucker, Zitronenschale und Oliven dazugeben. Mit Pfeffer und Streuwürze abschmecken.

4 | Die Fischscheiben auf Teller verteilen, mit der Sauce begießen und sofort servieren.

Frische Avocados sollten auf sanften Druck leicht nachgeben und die Schale sollte frei von dunklen Flecken sein.

Fischfilets
pochiert auf würzigem Gemüsebett

- Kaufen Sie vom frischen Lachsfilet immer das Schwanzstück, um die kleinen Gräten im Mittelteil zu vermeiden.

- Dieses Gericht ist geeignet als kleine Mahlzeit oder Vorspeise. Erhöhen Sie die Mengen um ein Drittel, wenn Sie das Gericht als Hauptgang servieren möchten.

- Haben Sie etwas Mut, das Fischfilet kürzer, als Sie denken, zu garen. Sie werden mit mehr Genuss belohnt und die wichtigen Inhaltsstoffe bleiben erhalten.

Zutaten

30 g Rohschinken- oder Speckwürfel

200 ml Bouillon

2 rohe Kartoffeln, geschält und in Stäbchen geschnitten

2 Möhren, in Stäbchen geschnitten

1 TL abgeriebene Zitronenschale (unbehandelt)

1 Knoblauchzehe, fein gehackt

6 schwarze Oliven, entkernt, klein geschnitten

1 Msp. Sambal Oelek

80 g Pilze, in Essig eingelegt, klein geschnitten

Zitronenpfeffer

Streuwürze

150 g Lachsfilet, in fingerdicke Stücke geschnitten

200 g Schollenfilet, in fingerdicke Stücke geschnitten

150 g Crevetten, geschält

2 EL Schnittlauchröllchen

Zubereitung

1 | Die Schinken- oder Speckwürfel in einer Bratpfanne leicht Farbe annehmen lassen und herausnehmen.

2 | 100 ml Bouillon erhitzen, Kartoffeln und Möhren darin weich dämpfen. Zitronenschale, Knoblauch, Oliven und Sambal Oelek in die jetzt nahezu verdampfte Flüssigkeit geben. Die Pilze gut abspülen und unterrühren. Mit Zitronenpfeffer und Streuwürze abschmecken.

3 | Die restliche Bouillon in einem flachen Topf zum Kochen bringen und von der Herdplatte nehmen. Lachs und Scholle ganz kurz bei 80 °C darin pochieren, bis sie anfangen, die Farbe zu wechseln, dann herausnehmen. Auch die Crevetten kurz darin erhitzen.

4 | Das Gemüse mit dem Fisch auf vorgewärmte Teller verteilen, Speckwürfel und Schnittlauch darüber streuen.

Alaska-Silberlachs
mit Gemüse

- Lachs ist nicht gleich Lachs! Profitieren Sie vom niedrigen Fettgehalt des mit der Leine gefangenen Wildlachses aus Alaska und staunen Sie über den sanften Biss.

- Kaufen Sie vom frischen Lachs immer das Schwanzstück. Es hat keine lästigen Gräten im Rückenteil.

Zutaten

200 g Möhren,
1 cm groß gewürfelt

200 g Sellerie,
1 cm groß gewürfelt

150 g Lauch,
1 cm groß gewürfelt

100 g Fenchel,
1 cm groß gewürfelt

150 g Weißkohl,
1 cm groß gewürfelt

300 ml Gemüsebouillon

1 TL Zitronenpfeffer

Streuwürze

schwarzer Pfeffer, frisch gemahlen

50 ml Cointreau

50 g Mascarpone

1 TL Bouillonpulver

1 TL Speisestärke

1 TL Dill, frisch gehackt

4 Scheiben Alaska-Silberlachs
à 150 bis 200 g

Zubereitung

1 | Die Gemüse einzeln in wenig Bouillon bissfest dünsten und in eine Gratinform geben. Mit Zitronenpfeffer, Streuwürze und Pfeffer würzen.

2 | Cointreau und restliche Gemüsebouillon auf die Hälfte einkochen lassen. Mascarpone unterrühren, Bouillonpulver dazugeben, mit Speisestärke etwas binden und den Dill unterrühren.

3 | Den Backofen auf Umluft 160 °C vorheizen. Die Gratinform mit dem Gemüse auf dem Rost auf die mittlere Schiene schieben und das Gemüse 15 Minuten garen.

4 | Den Lachs mit Streuwürze und Pfeffer würzen und mit der Hautseite nach oben auf das Gemüse legen, weitere 6 Minuten im Backofen garen.

5 | Den Backofen ausschalten. Das Gericht 5 Minuten bei offener Backofentüre ruhen lassen und anschließend nach Wunsch mit Salzkartoffeln als Beilage servieren.

Lachsforellenfilet
in Riesling-Kräutersauce

Zum Einstieg

• Dieses Rezept zeigt klar, wie kurz die Garzeit für frischen Fisch eigentlich ist.

• Weißen Pfeffer verwende ich nur für Fisch. Achten Sie auf die Dosierung, denn schon eine Spur zu viel – im Gegensatz zum schwarzen Pfeffer – schmeckt sehr unangenehm.

• Den Pfefferfrischkäse nehme ich aus dem Tiefkühlvorrat.

Zutaten

100 ml Fischfond

200 ml Riesling (trockener Weißwein)

50 g Pfefferfrischkäse

200 g Sahne

1 EL Dill, fein gehackt

1 EL Basilikum, fein gehackt

1 EL Petersilie, fein gehackt

1 EL Zitronensaft

4 Lachsforellenfilets à ca. 150 g

Streuwürze

weißer Pfeffer, frisch gemahlen

20 g Butter

Zubereitung

1 | Für die Sauce in einem Topf Fischfond und Weißwein auf die Hälfte einkochen lassen. Den Frischkäse, die Sahne, alle Kräuter und den Zitronensaft dazugeben, alles gut verrühren und nochmals kurz aufkochen lassen.

2 | Backofen auf Umluft 120 °C vorheizen. Die Fischfilets mit Streuwürze und Pfeffer würzen.

3 | Eine Gratinform mit Butter ausstreichen und mit den gewürzten Lachsforellenfilets auslegen. Heiße Sauce darüber geben und die Gratinform für 6 Minuten auf dem Rost auf die mittlere Schiene des Backofens schieben.

4 | Die Filets auf gut vorgewärmten Tellern servieren. Gut dazu schmecken Kartoffeln oder Reis und Feldsalat.

Zu den beliebtesten Fischen gehört die Lachsforelle. Schnell zubereitet und köstlich sind die Gerichte aus diesem Produkt.

Petersfischfilet
an Apfelsauce

Zum Einstieg

• Eine Fischmahlzeit ab und zu sorgt für Abwechslung und ist sehr gesund. Fisch schmeckt, so zubereitet, besonders köstlich und gelingt dazu noch ganz leicht.

• Diese sehr kurze Garzeit genügt und zeigt, wie wenig Hitze es benötigt, um aus Frischfisch eine Delikatesse zu machen.

Zutaten

1 EL Butter

1 TL Zucker

50 ml Apfelessig

200 ml Fischfond

2 Äpfel, ungeschält, in kleine Stücke geschnitten

150 g Sahne

weißer Pfeffer, frisch gemahlen

Streuwürze

600 g dünne Filets vom Petersfisch oder Flundern

Zubereitung

1 | Die Butter in einem Topf schmelzen lassen. Zucker, Apfelessig, Fischfond und Apfelstücke zugeben und alles auf die Hälfte bei schwacher Hitze köcheln lassen. Die Sahne hinzufügen und die Sauce mit Pfeffer und Streuwürze abschmecken.

2 | Die Sauce kurz aufkochen lassen, vom Herd ziehen und die Fischfilets in die heiße Sauce geben. 5 Minuten ziehen (nicht kochen) lassen und auf vorgewärmten Tellern servieren.

Vielleicht eine etwas ungewöhnliche Kombination, aber probieren Sie unbedingt den Petersfisch mit Apfelsauce, Sie werden begeistert sein.

Fischsuppe
für Verwöhnte

• Viele Leute haben wegen der Gräten eine Abneigung gegen Fischsuppe. So wie ich sie zubereite, enthält sie keine Gräten. Wenn Sie Gäste bewirten, die absolut keinen Fisch essen können, lassen Sie ihn weg, die Suppe schmeckt auch ohne Fisch ausgezeichnet.

• Dieses Rezept ist als Vorspeise gedacht, erhöhen Sie die Mengen, wenn Sie daraus ein Hauptgericht machen wollen.

• Auch hier kommt meine »Serien-Arbeit« zur Anwendung. Wer das Mischgemüse für jedes Gericht einkauft, schält und sich so über die Reste ärgert, ist selbst schuld. Ich mache das Gemüse für jeweils 10 Gerichte gleichzeitig und lege es in das Tiefkühlfach.

Tipp

Wenn Sie tiefgekühlten Fisch verarbeiten, ist es sehr wichtig, dass Sie dem Eiweiß die nötige Aufmerksamkeit schenken. Die austretenden Eiweißflocken sollten nicht in die Suppe gelangen.

Die Bouillon von einem Fondue Chinoise ist die beste Grundlage für diese Suppe, besonders, wenn noch Fisch mitgegart wurde.

Zutaten

20 g Butter

2 Schalotten, klein geschnitten

2 Knoblauchzehen, fein gehackt

50 g Lauch, fein geschnitten

50 g Möhren, fein geschnitten

50 g Sellerie, fein geschnitten

400 ml Fischfond

100 ml trockener Weißwein

1 Beutel Safran

Salz

weißer Pfeffer, frisch gemahlen

40 ml Pastis

50 g Sahne

6 Fenchelsamen (aus Teebeutel)

200 ml leicht gewürzte Bouillon

150 g Lachsfilet, in kleine Würfel geschnitten

150 g Flunderfilet, in Streifen geschnitten

1 Tomate, enthäutet und in kleine Würfel geschnitten

1 EL Estragon, frisch gehackt oder getrocknet

Zubereitung

1 | Die Butter in einem Topf erhitzen, Schalotten, Knoblauch und alle Gemüse darin andünsten und knapp weich dämpfen. Fischfond, Weißwein sowie Safran hinzufügen und alles aufkochen lassen. Mit Salz und Pfeffer würzen. Pastis, Sahne und Fenchelsamen unterrühren und nochmals aufkochen lassen.

2 | In einem anderen Topf die Bouillon aufkochen und von der Herdplatte nehmen. Die Fischstücke dazugeben und nur extrem kurz (15 Sekunden) darin pochieren.

3 | Die Fisch-Gemüse-Suppe nochmals aufkochen lassen, Tomate und Estragon dazugeben.

4 | Den pochierten Fisch mit einem Schaumlöffel aus der Bouillon nehmen und auf vorgewärmte Suppenteller verteilen.

5 | Die Fisch-Gemüse-Suppe über den Fisch geben und sofort servieren.

Fischklößchen
mit Noilly Prat-Sauce

Zum Einstieg

• Für dieses Rezept benötigen Sie neben einer Küchenmaschine auch einen kleinen Fleischwolf oder einen freundlichen Fischhändler, der Ihnen das Hacken des Fisches schon beim Einkauf abnimmt. Klären Sie vorher mit ihm ab, wann er am besten Zeit dafür hat.

• Wichtig bei diesem Rezept sind die Verarbeitungstemperaturen. Fisch muss extrem kalt gehackt und verarbeitet werden, weil sonst das Eiweiß gerinnt und keine Bindung mehr möglich ist.

• Die Menge ist für 10 Personen berechnet. Ob für 4 oder mehr: Die Arbeit bleibt die gleiche. Die Fischklößchen lassen sich gut einfrieren und ergeben für die nächsten Gäste eine wunderbare Vorspeise.

• Sie können dazu auch tiefgekühlte Fischfilets verwenden, die Sie im halbgefrorenen Zustand durch die Hackmaschine treiben.

Zutaten (10 Portionen)

1 kg frische Hecht- oder Dorschfilets

500 g Sahne

2 Eier

10 g Salz

weißer Pfeffer, frisch gemahlen

Streuwürze

Fett für die Formen

für die Noilly Prat-Sauce

50 ml Noilly Prat

1 TL Bouillonpulver

250 g Sahne

frische, gehackte Kräuter, z. B. Estragon oder Kerbel

Zitronenpfeffer oder Zitronensaft

Zubereitung

1 | Die Fischfilets in kleine Stücke schneiden und 1 Stunde in das Tiefkühlfach legen. Anschließend durch die Hackmaschine treiben. Diese eignet sich dazu viel besser als die Küchenmaschine oder der Mixer, weil Sie so Gewähr haben, dass die kleinen Gräten nachher nicht stören.

2 | Den gehackten Fisch und die Sahne portionsweise in die Küchenmaschine geben und ein Brät herstellen. Eier, Salz und Gewürze erst nach und nach dazugeben. Die Maschine laufen lassen, bis die Masse gut bindet.

3 | Je ca. 80 g Fischbrät in eine kleine, eingefettete Aluform geben, die Oberfläche schön glatt streichen.

4 | Den Backofen auf Umluft 130 °C vorheizen und etwa 2 cm hoch Wasser in eine Bratreine füllen. Die Aluförmchen hineinstellen und die Fischklößchen etwa 20 Minuten garen.

5 | Noilly Prat auf die Hälfte einkochen lassen. Bouillonpulver und Sahne unterrühren, dicklich einkochen lassen. Kräuter hinzufügen, mit Zitronenpfeffer oder etwas Zitronensaft würzen. Heiß mit den Klößchen servieren.

Tipp

Mit der gleichen Fischmasse können Sie eine wunderbare Terrine herstellen. Nehmen Sie eine kleine, längliche Form und füllen Sie diese nicht zu voll. Klopfen Sie die Formen hart auf dem Tisch, damit die Menge schön kompakt ist.

Garen Sie die Terrine mit den Klößchen-Portionen zusammen im Ofen. Anschließend gut abkühlen, verpacken und in das Tiefkühlfach geben.

Kleiner Küchendolmetscher

Begriff auf Schweizerdeutsch	Übersetzung auf Hochdeutsch	Begriff auf Schweizerdeutsch	Übersetzung auf Hochdeutsch
Apéro	Aperitif	Peperoni	Paprika
Auswallen	Ausrollen	Pfanne	Topf
		Poulet	Junges Hähnchen
Bratbutter	Butterschmalz/ eingesottene Butter	Pelati	Geschälte Tomaten (in Dosen)
Bratpfanne	Pfanne/Bratpfanne	Plätzli	Schnitzel
Brät	Brät, rohe Wurstmasse	Polenta	Maisbrei
Bräter	Bratkasserolle	Peperoncini	Kleine scharfe Pfefferschoten
Chambrieren	Vorwärmen, Temperieren	Quenelle	Frikadellen, Klopse, Pflanzerl
Federstück	Spannrippe/Querrippe	Rüebli	Möhren
Fettmocken	Großes Fettstück	Rahm	Sahne (ca. 30% Fettgehalt)
Gigot	Lammkeule/ Lammschlegel	Rüsten	Schälen, pellen, zuschneiden
Gschwellti	Pellkartoffel		
Gluschtig	Appetitlich	Schweinshals	Schweinenacken
Gratinform	Ofenbackform	Siedfleisch	Suppenfleisch
Geschnetzeltes	Fein geschnittenes Fleisch	Stotzen	Keule, Schlegel
		Saucenrahm	Crème fraîche
Hohrücken	Herausgelöster Kern der Hochrippe/hohe Rippe	Schwanzrolle	Runder Mocken
		Schweinsplätzli vom Stotzen	Schweineschnitzel von der Keule
Huft	Hüfte/Blume, Rumpsteak	Trockenbouillon	Gefriergetrocknete, lose Brühe
Kombisteamer	Kombidämpfer	Truthahn	Pute
Kabis	Kohl, Kraut	Tranche	Scheibe
Kartoffelstock	Kartoffelpüree		
		Voressen	Ragout
Lauch	Porree		
		Weißkabis	Weißkraut, Weißer Kohl
Meerrettichschaum	Meerrettich mit geschlagener Sahne		

Eigene Notizen

Register

Impressum

© 2008 by Südwest Verlag, einem Unternehmen der
Verlagsgruppe Random House GmbH, 81673 München

Bildnachweis:
Cover: Stockfood/Foodcollection

Fotografie:
Maja Smend, London:
33, 53, 57, 63, 77, 83, 89, 92, 107, 109, 111, 119
Jules Moser, Bern:
15, 19, 22, 23, 24, 27 (5), 28, 31, 35, 37, 39, 43, 45, 47, 51, 55, 59, 67, 71, 73, 75, 79, 91, 95, 105

istockphoto/RF: 20, 21 (2), 101; Privat: 7, 14 (Wirth), 9 (Honikel); Shutterstock/RF: 116;
Stockfood: U1 (Foodcollection/RF); Südwest Verlag: 13, 25 (Klaus Arras), 11, 41, 74, 98, 120 (Michael
Holz), 49 (Peter Rees), 66 (N.N.), 84 (Christian Kargl), 100, 121 (Dirk Albrecht), 114 (Karl Newedel),
115 (Antje Plewinski)

Redaktionsleitung: Susanne Kirstein
Projektleitung: Eva Wagner
Umschlaggestaltung: Eva M. Salzgeber, Neubeuern
Satz, Layout: Eva M. Salzgeber, Neubeuern
Redaktion: Nina Andres, München
Bildredaktion: Christa Jaeger und Sabine Kestler
Korrektorat: Barbara Kohl
Reproduktion: Artilitho, Lavis (Trento)
Druck und Verarbeitung: Mohn media Mohndruck GmbH, Gütersloh
Printed in Germany

FSC
Mix
Produktgruppe aus vorbildlich
bewirtschafteten Wäldern und
anderen kontrollierten Herkünften
Zert.-Nr. SGS-COC-1425
www.fsc.org
© 1996 Forest Stewardship Council

Verlagsgruppe Random House
FSC-DEU-0100
Das für den Inhalt eingesetzte
Papier Arctic Silk +,
150 g/m², geliefert durch
Arctic Paper, wurde in dem
FSC-(CoC) zertifizierten Werk
Hafreström produziert.

ISBN 978-3-517-08449-7

Hinweis: Das vorliegende Buch ist sorgfältig erarbeitet worden. Dennoch erfolgen alle Angaben ohne
Gewähr. Weder Autor noch Verlag können für eventuelle Nachteile oder Schäden, die aus den im Buch
gegebenen Hinweisen resultieren, eine Haftung übernehmen.

Weitere Informationen über den Autor, seine Veröffentlichungen und Seminare finden Sie unter
www.wewi2.ch

817 2635 4453 6271